JN238857

コッター、マックス・ウェーバー、三隅二不二から、
ベニス、グリーンリーフ、ミンツバーグまで

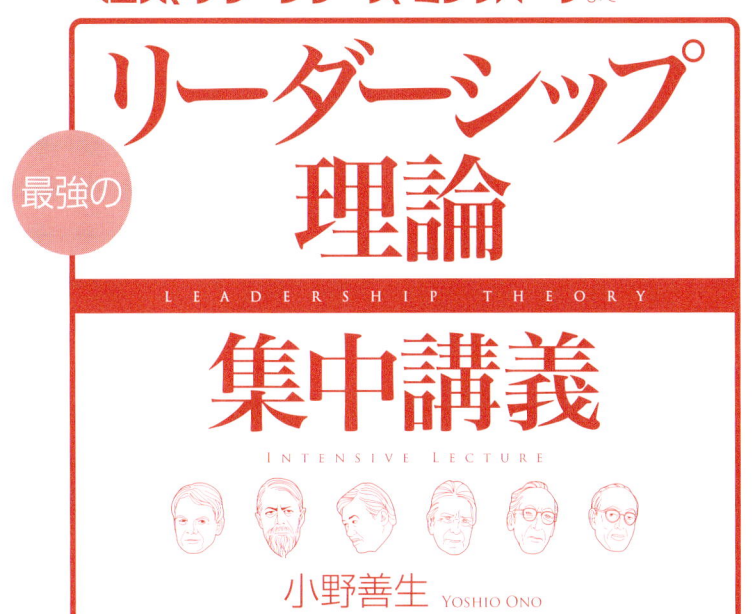

最強の リーダーシップ理論
LEADERSHIP THEORY

集中講義
INTENSIVE LECTURE

小野善生 YOSHIO ONO

日本実業出版社

はじめに

　人がこの世に存在し、社会そして組織を形成する限り、いかにして人心を統合するのかという「リーダーシップ」への関心は、尽きることはありません。
　とりわけ最近は、リーダーシップにまつわるトピックが世の中を賑わせていることが多いのです。
　たとえば、「決められない政治」「およそ1年ごとに首相が交代する」という言葉に象徴される「リーダーシップ不在」に対する憂い。閉塞した社会状況を打開して希望が持てる社会をもたらす救世主を待望する「リーダー待望論」。そして、いかなる困難な状況にあっても果断に意思決定できる頼りがいのある「強いリーダーシップ」。このように、リーダーシップの必要性を訴える声がよく聞かれます。

　リーダーシップに関心が集まる傾向は、何もいまに始まったことではありません。
　歴史を振り返ってみても、リーダーシップという言葉こそ用いられていないものの、リーダーシップのあり方を説いた文献は多く存在します。
　たとえば、困難な状況下にあっても、国家の独立のために、現実主義的思考で権謀術数に長けたリーダーシップの重要性を説いたフィレンツェ共和国の官僚・マキアヴェリの『君主論』。一方、東洋においても、名君と誉れ高い唐の第2代皇帝・太宗の言行録で、かつて北条政子や徳川家康も愛読した『貞観政要』。また、企業経営においても、経営の神様と謳われた松下電器産業（現・パナソニック）の創業者・松下幸之助の『指導者の条件』。このように、枚挙に暇がありません。

　これまでリーダーシップについて、人は相当な関心を払ってきましたし、現在でも関心をもっている人も多いでしょう。

しかしながら、もしリーダーシップについて「小学生にもわかるように説明してください」と言われたら、「えっ、ちょっとそれは……」と尻込みしてしまうのではないでしょうか。「何となくわかっているようで、実はよくわからない」というのが、多くの人が抱くリーダーシップに関する率直な見解だと思います。
　中には、「リーダーシップってよくわからないけれど、それは組織のトップだけの問題じゃないの？」と他人事のように思っている人もいるでしょう。

　ところが、リーダーシップは、一握りの人だけの問題ではないのです。
　たとえ少人数のチームであっても、複数の人間がいれば、顔も違えば、性格も違う、もちろん意見も違います。各自が好き勝手ばかり言っていては、何も先へは進みません。うまく意見を取りまとめる人として「リーダー」が必要なのです。
　目的のために、一体となって組織を邁進させていくまとめ役に求められるのが、リーダーシップです。それは、総理大臣や社長や監督だけのものではなく、たとえ肩書がなくとも、組織やチームをまとめる状況に遭遇すればリーダーシップが求められます。そう考えると、リーダーシップは社会で活動するすべての人に必要です。

　本書は、経営者や管理職など、いわゆる上司といわれる人をはじめ、リーダーとして活躍したい人が、リーダーシップに関して偉大な業績を残している教授陣の講義を通じて、リーダーシップへの理解を深め、あらゆる組織の現場で実践していただくための手引きとなるものです。
　さあ、それではリーダーシップを理解する講義の始まりです。

時間割

コッター、マックス・ウェーバー、三隅二不二から、
ベニス、グリーンリーフ、ミンツバーグまで

最強の「リーダーシップ理論」集中講義

はじめに

もしも、リーダーシップ研究のオールスターが
リーダーシップ論の基礎から応用まで教えてくれる、
夢のプログラムがあったら…… **009**

1時間目

コッター教授に学ぶ
「リーダーシップの基本」

Section 1 リーダーシップとは何か？
フォロワーに意識の変化を積極的に促すこと **018**

Section 2 結果を出しているリーダーの行動
「課題の設定」と「人脈づくり」が欠かせない **022**

Section 3 リーダーシップとマネジメント
リーダーシップとマネジメントは
車の両輪のような関係 **028**

Section 4 組織変革とリーダーシップ
組織が変わるためには、「8つのステップ」が必要 .. **032**

1時間目のまとめ **040**

Kotter

2時間目

マックス・ウェーバー教授に学ぶ
「リーダーシップの理論的背景」

Section 1 組織が成立するための条件
「3つの支配」による秩序が必要である …………… **044**

Section 2 官僚制組織とは?
「官僚制」の考え方が、組織運営の基礎である …… **048**

Section 3 カリスマ的リーダーシップ
変革型リーダーシップと、共通点や類似点が多い … **055**

2時間目のまとめ ……… **066**

M.Weber

3時間目

三隅二不二教授に学ぶ
「リーダーシップを発揮する方法」

Section 1 リーダーシップを決定づけるもの
リーダーシップは資質ではなく、行動で決まる … **070**

Section 2 ＰＭ理論とは?
理想的なリーダーは
「目標達成」と「集団維持」の両方を満たす ……… **077**

Section 3 リーダーシップの行動アプローチ
「構造づくり」と「配慮」は、
変革型リーダーシップにも通じる ················· **084**

3時間目のまとめ ········· **088**

4時間目

ベニス教授に学ぶ
「変革の時代に求められるリーダーシップ」

Section 1 リーダーシップを取り巻く環境の変化
生産性や効率性だけではなく、
変革が求められている ································· **092**

Section 2 優れたリーダーの戦略①
人を引きつけるビジョンを描く ················· **095**

Section 3 優れたリーダーの戦略②
あらゆる方法で「意味」を伝える ·············· **099**

Section 4 優れたリーダーの戦略③
「ポジショニング」で信頼を勝ち取る ········· **102**

Section 5 優れたリーダーの戦略④
自己を創造的に活かす ····························· **105**

Section 6 旧世代リーダーと新世代リーダーの比較
時代に左右されない普遍的なものが存在する ········· **109**

Section 7　リーダーシップの開発
時代を超えて必要な「4つの能力」を身につける --- **114**

4時間目のまとめ --------- **118**

Bennis

5時間目

グリーンリーフ教授に学ぶ
「サーバント・リーダーシップ」

Section 1　リーダーシップを発揮する際の心構え
組織の使命に対して、リーダーが奉仕する --------- **122**

Section 2　サーバント・リーダーシップの定義
まず相手に奉仕し、その後相手を導くもの --------- **126**

Section 3　サーバントリーダーに求められるもの
サーバントリーダーは「7つの能力」を備えている --- **130**

Section 4　サーバント・リーダーシップの実践
フォロワーの成長を促し、組織の発展に努める --- **137**

5時間目のまとめ --------- **144**

Greenleaf

6時間目

ミンツバーグ教授に学ぶ
「マネジャーの役割と仕事」

Section 1 古典的管理論とは？
マネジャーによる管理には「5つの原則」がある ······ **148**

Section 2 マネジャーの役割
マネジャーとしての仕事は
「10の役割」を果たすこと ································ **153**

Section 3 マネジャーの存在意義
組織の目的をはじめ、
さまざまなことを実現する ································ **165**

6時間目のまとめ ········· **168**   Mintzberg

すべての講義を終えて…… ········· **171**

おわりに

カバーデザイン／冨澤崇（EBranch）
本文デザイン＆DTP／ムーブ（新田由起子、川野有佐）
カバー・本文イラスト／撫子凛
本文イラスト／越智あやこ

**もしも、リーダーシップ研究の
オールスターが
リーダーシップ論の
基礎から応用まで教えてくれる、
夢のプログラムが
あったら……**

　私は、とあるメーカーに勤めるごく普通のビジネスマン。
　入社して早や10年。自分で言うのもなんだが、それなりに頑張ってきたし、上司の覚えもいいほうだ。仕事に対しても、それなりにやりがいをもって取り組んでいる。

　しかしながら、不安がないわけではない。世界的な経済低迷のあおりを受けて、わが社の業績も徐々に芳しくなくなってきた。いままでのように、決められたことをきちんとこなしていくだけでは、うまくいかなくなってきた。
　また、社内の様子も大きく変わってきた。団塊の世代がリタイヤしていくので、人の入れ替わりが激しくなってきた。とりわけ、次世代を担う経営幹部、そしてミドルマネジャーへの世代交代が、喫緊の課題となっている。それは、ことしで勤続10年目の中堅社員の私にとっても、他人事ではない話だ。

　そんなある日、部長から呼び出された。

「叱られるようなミスをした覚えはないのだけれど……」

やや不安な気持ちを胸に、部長の待つ部屋に入った。てっきり怒られるとばかり思っていたが、見たところ、怒っているようでもない。むしろ、ニコニコしているようだ。

「もしかして……」

　部長はおもむろに辞令を渡して、「おめでとう、頑張ってくれよ」と握手を求めてきた。私はその場の流れで、「ありがとうございます、頑張ります」と条件反射のように答えた。
　辞令の内容は、課長への昇進であった。
「やっと、きたか」と誇らしい気持ちでいっぱいだったが、やがて大いなる不安が頭をもたげた。
　ミドルマネジャー、そしてゆくゆくは経営陣としてこの会社で活躍したいという意志は、もちろんもっている。かといって、不安がないわけではない。少人数のチームのリーダーを務めたことはあるが、それより規模の大きいグループを率いるミドルマネジャー、さらには会社全体を引っ張る経営者となると、話は別だ。

　何より気にかかるのは、これからわが社はこれまでの経営を見直し、本格的に組織変革に乗り出そうとしていることである。
　組織を変えるとなると、うまくいけばハッピーだが、そこに至るまでにはさまざまな軋轢が予想される。変革に積極的に参加する人もいれば、明らかに抵抗する人もいるだろうし、様子をうかがいつつ、慎重に見極める人もいるだろう。
　そんな中で、1人でも多くの人を変革に巻き込んで、組織の立て直しを実現しなければならない。

「さて、どうしたものか……」

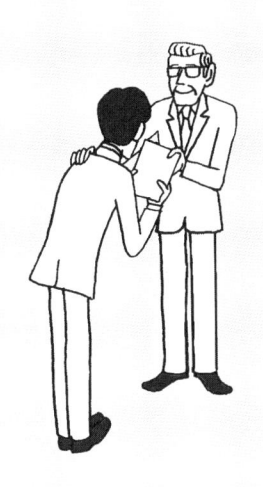

悩んでばかりもいられないので、思い切って部長に聞いてみた。
「わが社のこれからの管理職にとって、従来のマネジャーとしての仕事はもちろんのこと、大きな変革に際してリーダーシップが求められると思います。しかし、どのようにリーダーシップを発揮していいのか、正直なところ、よくわかりません……」

部長は私の言葉が終わらないうちに、1枚のパンフレットを差し出した。それには、「リーダーシップ研究のオールスターが、リーダーシップ論の基礎から応用まで教えてくれる、夢のプログラム」と書いてあった。
私は迷うことなく、部長に「ぜひとも、このプログラムを受けさせてください」と願い出た。

＊

いよいよ、リーダーシップ・プログラムを受ける日がやってきた。
最初は、「経営の神様」「マネジメントの父」と呼ばれるP. F. ドラッカー教授のオリエンテーションだ……。

本講義を受けるにあたって

皆さん、こんにちは。ドラッカーです。私が『現代の経営』を1954年に発表して「**マネジメント**」の重要性を指摘してから、50有余年経ちました。その間、世界は冷戦崩壊、IT革命、リーマンショックといったように劇的に変化してきました。それらの変化に伴って、より一層マネジメントの重要性が増してきました。

『現代の経営』を執筆した当初は、マネジメントは企業を対象としていました。そこから時代を経て、マネジメントは、公的組織、教育機関、病院、NPOなど、さまざまな組織に必要となってきました。

では、私が主張するマネジメントとは何かというと、以下のようにまとめることができます（上田惇生訳『[新訳] 新しい現実』、ダイヤモンド社より）。

①人間に関わることである。
②人と人の関係に関わるものであり、したがってそれぞれの国、それぞれの土地の文化と深い関わりをもつ。
③あらゆる組織がその成員に対し、仕事について共通の価値観と目標をもつことを要求する。
④組織とその成員を成長させなければならない。
⑤組織は、異なる仕事をこなす異なる技能と組織をもつ人たちから成る。したがって、そこには、意思の疎通と個人の責任が確立していなければならない。
⑥成果の評価基準は、産出量や利益だけではない。マーケティング、イノベーション、生産性、人材育成、財務状況などのすべてが、組織の成果として、また組織の存続に関わる問題として重要である。
⑦組織にとって、成果はつねに外部に存在する。

ポイントを整理すると、マネジメントとは「特定の目的を実現するために、そこに参加する多様な人々に価値観の共有を促し、各々の成果を統合する活動」といえるでしょう。

　このような特徴をもつマネジメントですが、それが果たす役割は以下のとおりです（上田惇生訳『マネジメント［エッセンシャル版］』、ダイヤモンド社より）。

- 組織に特有のミッションすなわち目的を果たすこと。
- 組織に関わりのある人たちが生産的な仕事を通じて生き生きと働けるようにすること。
- 自らの組織が社会に及ぼす影響を処理するとともに、社会の問題の解決に貢献すること。

　これらのマネジメントの役割を主に遂行していくのが、マネジャーの仕事です。

　マネジャーにはさまざまな能力が要求されますが、とりわけ重要なのが「リーダーシップ」です。
　私が考えるリーダーシップは、昨今注目されているカリスマ性という資質だけに求めるわけではありません。むしろ、効果的なリーダーシップとは、組織のミッションを考え抜き、それを目に見える形で明確に定義し、確立することです。

　リーダーシップとひと言でいいますが、これまでさまざまな議論が展開されていて、明確に体系化されているとは必ずしもいえません。しかしながら、このプログラムでは、これまでのリーダーシップならびにそれに隣接する分野で偉大な業績を上げている研究者が、複雑なリーダーシップ論をわかりやすく解説します。

1時間目は、コッター教授による「リーダーシップの基本」です。そもそもリーダーシップとは何かから、リーダーシップとマネジメントの違い、組織を変革するリーダーシップ（変革型リーダーシップ）まで、リーダーシップの基本的な知識を説明します。

　2時間目は、マックス・ウェーバー教授による「リーダーシップの理論的背景」です。具体的には、現代社会の組織における基本的形態である官僚制と、カリスマの概念について説明します。官僚制組織はその特性をプラス面とマイナス面を含めて、カリスマはその後に発展したカリスマ的リーダーシップを含めて説明します。

　3時間目は、三隅二不二教授による「リーダーシップを発揮する方法」です。リーダーシップを発揮するにはいかなる行動をとるべきかという行動特性を明らかにしたのがPM理論です。PM理論に代表される課題関連と人間関係関連という2つのリーダーシップの行動特性は、その後のリーダーシップ論の進展に大きく貢献しました。この点も含めて説明します。

　4時間目は、ベニス教授による「変革の時代に求められるリーダーシップ」です。ベニス教授は、コッター教授と並び現代で主流のリーダーシップ論である変革型リーダーシップ研究の第一人者です。この変革型リーダーシップが注目される背景とその特徴、そしてどのようにすれば変革型リーダーは育つのかという点について説明します。

　5時間目は、グリーンリーフ教授による「サーバント・リーダーシップ」です。組織を率いるリーダーにとって大事なことには、前に出て引っ張っていくこともありますが、ついてくるフォロワーに奉仕する気持ちももち合わせているということもあります。この点を説いているのが、サーバント（奉仕型）・リーダーシップです。リーダーとして人を導くために必要な心構えを説明します。

集中講義の概要

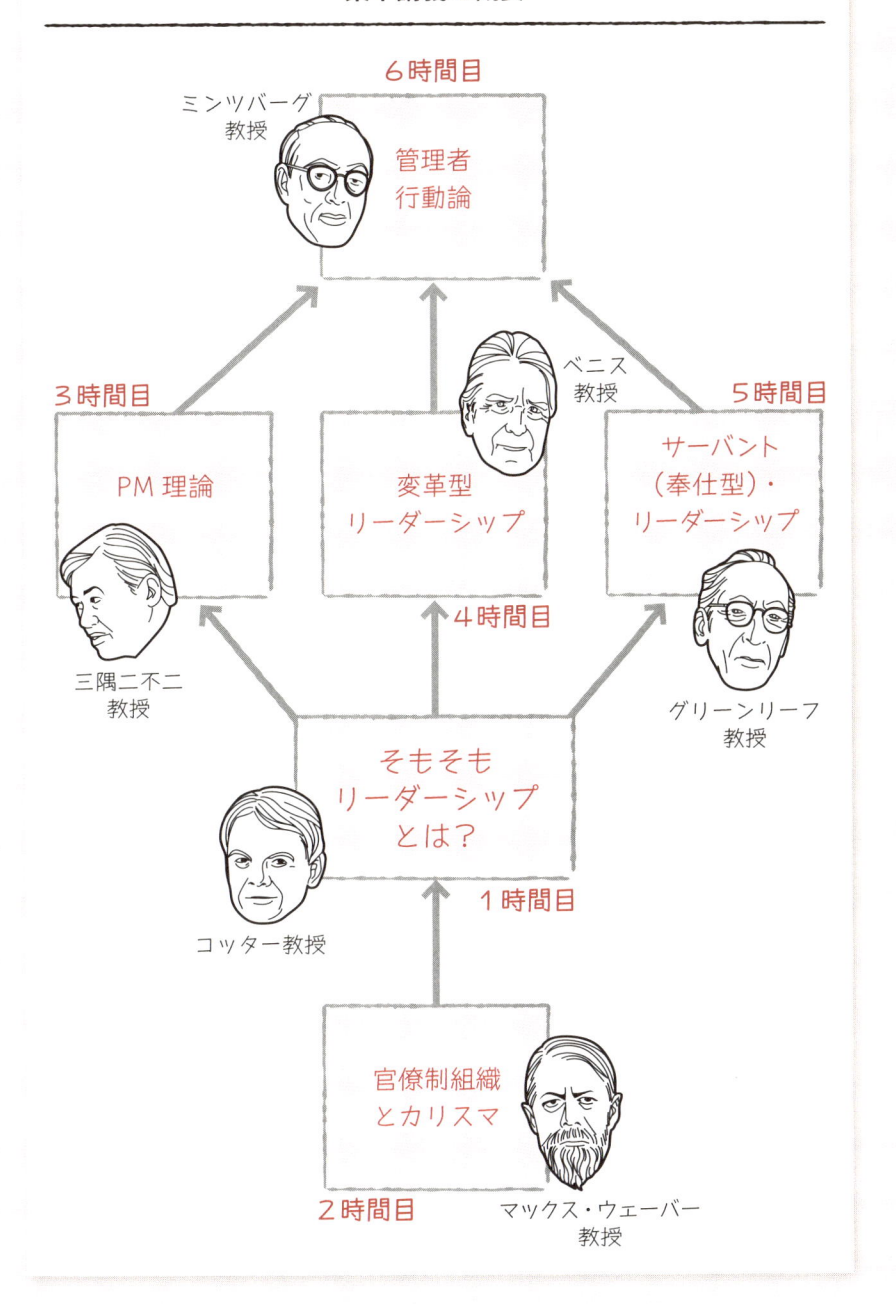

6時間目

ミンツバーグ教授 — 管理者行動論

3時間目

三隅二不二教授 — PM理論

ベニス教授 — 変革型リーダーシップ

5時間目

グリーンリーフ教授 — サーバント（奉仕型）・リーダーシップ

4時間目

コッター教授 — そもそもリーダーシップとは？

1時間目

2時間目

マックス・ウェーバー教授 — 官僚制組織とカリスマ

6時間目は、ミンツバーグ教授による「マネジャーの役割と仕事」です。リーダーシップが求められるマネジャーにとって、リーダーシップ以外に必要なものを説明します。リーダーシップおよびそれに関連する行動特性を通じて、包括的にリーダーシップをとらえます。マネジャーに求められる行動全般を知ることで、このプログラムを総括するのが狙いです。

　皆さん、このプログラムを通じて、リーダーシップのエッセンスを理解し、ぜひともリーダーシップを実践してください。

　それでは、開講します！

1時間目

コッター教授に学ぶ
「リーダーシップの基本」

皆さん、こんにちは。1時間目を担当するコッターです。私の講義では、リーダーシップを学ぶにあたって押さえておきたいポイントに絞って話を進めていきます。

まずはリーダーシップとは何かについて、そしてリーダーシップを実践するためのポイントや、リーダーシップとマネジメントはどう違うのかなど、基本的なことを説明します。それから、組織を変革するリーダーシップについてお話しします。

John Paul Kotter
ジョン・P・コッター

ハーバードビジネススクール松下幸之助記念講座名誉教授。マサチューセッツ工科大学、ハーバード大学卒業後、1972年からハーバード大学の経営大学院（MBA）であるハーバードビジネススクールで教鞭をとる。1980年に、ハーバード大学の歴史上最年少の33歳という若さで終身教授権を獲得し、正教授の職に就く。

コッター教授に学ぶ

Section 1　リーダーシップとは何か？
フォロワーに意識の変化を積極的に促すこと

　リーダーシップ……この言葉を、多くの人が必ず耳にしている、あるいは口にしていると思います。たいていの場合、意味はなんとなくわかるが、真剣に調べたり、考えたりすることは滅多にないでしょう。

　それが、上司やマネジャーになったとたんに、リーダーシップ研修を受けたり、リーダー向けの自己啓発本を読んだりと、いきなり勉強しなければならない。しかし、勉強してひと通り学んだとしても、どうも実践にうまく結びつかない。実践に結びつくどころか、余計に混乱してしまうこともしばしばあるでしょう。

「リーダー」と「リーダーシップ」は違う

　けれども、それは仕方ないことだと思います。なぜなら、それは「人の問題」だからです。

　人は、顔も違えば、性格も違う、考え方も違えば、価値観も違う、バラバラな存在です。しかし、バラバラな存在だけれども、心のもち方、考え方一つで、一つにまとまることができるのも、また人です。

　人の問題は、複雑でむずかしいけれども、決して解決不能な問題ではありません。

　人々が心を一つにして、大きな目的に取り組もうとするとき、必要なのが**組織**です。人は1人では限られた力しかもちませんが、力を合わせ

る人が多ければ多いほど、よりハードルの高い目的を達成することができます。

　人々の心を一つにまとめることができるのも、また人です。その人は、「王様」「殿様」「大統領」「社長」など、呼び方はいろいろですが、人々の心を一つにするという重要な役割を担っています。

　ただし、役割に就いたからといって、必ずしも人々の心を一つにまとめることができるとは限りません。首をはねられたり、追放されたり、辞職したりと、志半ばでいなくなってしまうことも多々あります。

　その一方で、役割に就いていなくても、アメリカの公民権運動を主導した**キング牧師**のように、自然とまとめ役になって、大事を成し遂げる人もいます。

　このまとめ役になる人がリーダーで、人々の心を一つにする働きかけがリーダーシップです。

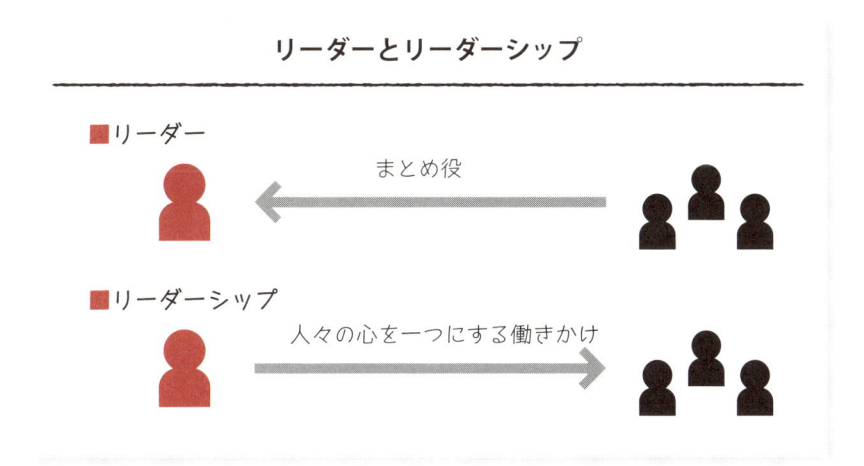

リーダーとリーダーシップ

■リーダー　←まとめ役

■リーダーシップ　→人々の心を一つにする働きかけ

Point

リーダーとはまとめ役のことであり、リーダーシップとは人々の心を一つにする働きかけのことである。

リーダーとフォロワーの関係は？

　役割を担っていようといまいと、組織をまとめる人の行為がリーダーシップですが、組織において、人々の心を一つにするとはいかなることでしょうか？
　そのカギは、まとめる側にあるというよりも、むしろまとめられる側にあります。このまとめられる側のことを**フォロワー**といいます。

　では、なぜ、まとめられる側であるフォロワーが、リーダーシップの成否のカギを握るのでしょう。
　この点についてよく考えてみましょう。
　たとえば、まったく人望のない上司が、いくら部下の心をまとめようとしても、はなから部下はそっぽを向いているわけですから、「笛吹けども踊らず」の状態になってしまいます。あたかも、倒産間近の会社の経営者や、最下位が決定したプロスポーツチームの監督のような、まことにみじめなものでしょう。
　逆に、部下が上司の働きかけに共鳴し、ともに組織を盛り上げていこうという意欲をもち、実際の行動に結びつけば、リーダーシップが奏功したというわけです。

　ここから導かれるのは、リーダーシップの本質とは、フォロワーが組織の目的に対して貢献しようと進んで意識を変化させるということです。言い換えると、リーダーシップとは、「フォロワーに意識の変化を積極的に促す行為」であるということです。

> **Point**
> リーダーシップとは、フォロワーに意識の変化を積極的に促す行為である。

ここで注目したいのが、フォロワーに意識の変化を積極的に促すというのは、「フォロワーが自らの意志で変わっていく」ということです。

　リーダーが、無理やり意識を変えさせるわけではないのです。フォロワーに対して、従わないと罰を与えるとか、逆に従ってもらうように目的にふさわしくない都合のいいことを言ってばかりいるなどというのは、本来の意味で意識の変化を積極的に促すことにはなりません。

　一方、フォロワーも、圧政を強いるリーダーの下ではどうしても服従させられてしまい、状況を打開するために革命や反乱を起こそうと考えるケースも出てきます。

　また、聞こえのいいことばかり言うリーダーには、どうしても身を任せたくなるものです。この場合、フォロワーはリーダーに依存する関係にあり、組織がうまくいっているときはいいのですが、ひとたびうまくいかなくなると、「リーダー降ろし」をする結果となります。

　こんな組織は、何かあればすぐリーダーの首をすげ替えることの繰り返しで、結果として安定感に欠ける脆い組織となってしまいます。

リーダーシップの本質

○
- フォロワー「やるぞ！」
- リーダー
- フォロワーが組織の目的に対して貢献しようと進んで意識を変化させる

×
- リーダー「従え！」
- フォロワーが従わないと罰を与えるなど、無理やり意識を変えさせる
- フォロワー「……」

Section 2　結果を出しているリーダーの行動

「課題の設定」と「人脈づくり」が欠かせない

　リーダーシップは、フォロワーに意識の変化を積極的に促す行為ですが、具体的にどのようにして意識の変化を促していくのでしょうか？
　この点に関して、実際にビジネスの現場で結果を出しているリーダーがどのような行動をとっているのかという観点から調査すると、2つのポイントが導き出されます。
　1つは**課題の設定**、もう1つは**人脈づくり**です。

課題（アジェンダ）を設定する

　通常、**課題（アジェンダ）** から連想するイメージは、「宿題」のような、あらかじめ与えられた、やらなければならないことのように思われるかもしれません。実際、アジェンダを辞書で引くと、「会議などの議事」とか「予定表」などという意味があり、はっきりした、取り組むべきものというイメージが連想できます。
　ただ、ここでいうところの課題（アジェンダ）は、一般的なイメージとは少々異なります。
　課題の設定とは、企業が解決すべき問題を大まかに決めて、具体的に戦略を立てて解決の方向性を示すということです。

　まず、この課題のおおもとには、「そもそも、なぜ自分たちの企業が存在しているのか？」という存在理由である**ミッション**や、「目指すべ

課題（アジェンダ）を設定するための手順

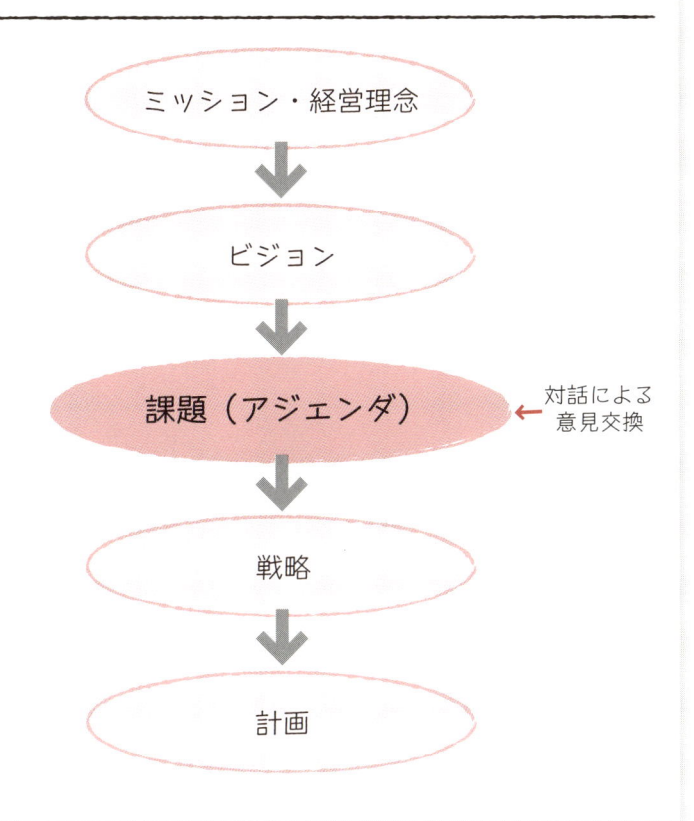

```
ミッション・経営理念
     ↓
   ビジョン
     ↓
 課題（アジェンダ） ← 対話による意見交換
     ↓
    戦略
     ↓
    計画
```

き理想の姿とは何か？」という**経営理念**がなければなりません。ミッションや経営理念があってこそ、それを実現するための課題が明らかになるものです。

　次に、ミッションや経営理念が明確になったとしても、企業がそれを実現するための道のりはそうたやすいものではありません。
　ならば、将来、どのような方向を向いて歩んでいかなければならないのか。まさに、将来的な展開を示すもの、それが**ビジョン**です。
　ビジョンを打ち出すことで、今後の企業の向かうべき先がはっきりし

ます。何に向かっていけばいいのかがわかれば、解決すべき課題が浮かび上がってきます。

そして、課題が定まれば、それを解決するためにどのように事業展開していくのかという**戦略**が必要となってきます。

具体的には、事業展開の指針や、経営資源（ヒト、モノ、カネ、情報）の効率的な配分、組織の編成、さらには他企業との協力関係といったことが挙げられます。

最後に、戦略が立てられれば、企業全体として、さらには個々の部門で、具体的な活動方針、すなわち**計画**を立てる段階になります。

期間ごとに計画の評価・見直しを行なうことによって、各々の活動が、ミッションや経営理念にかない、ビジョンと同じ方向にある課題を解決するための戦略に則（のっと）っているかどうかをチェックして進めていくことになります。

> **Point**
>
> 結果を出しているリーダーの行動として、「課題（アジェンダ）の設定」がある。

課題の設定に関しては、文献など、さまざまな情報媒体を活用することもありますが、最も重視するのが**対話による意見交換**です。

対話の相手は、経営企画担当のスタッフだけではなく、実務のキーパーソンも含まれます。

対話の場に関しても、会議だけではなく、日常の仕事のやり取りも含まれます。

リーダーには、課題にまつわる多岐にわたった情報を収集し、それらの情報から課題を導き出す能力が求められます。

人脈（ネットワーク）を
構築する

　人脈（ネットワーク）づくりとは、課題（アジェンダ）の達成のために、直属の上司や部下という直接的な関係で結ばれた人々だけではなく、経営幹部や他部門の社員、さらには協力企業、時にはマスコミ関係者といったような相互依存関係にあるさまざまな人々と通じることです。
　ある**ミドルマネジャー**の人脈を例にとって考えてみましょう。

　まず、ミドルマネジャーの人脈としてすぐに思いつくのは、日常業務の中で最も接することが多いフォロワーである**直属の部下**でしょう。部下の人数にもよりますが、すべての部下とうまく人間関係を構築できているかといえば、必ずしもそうではないのが現実ではないでしょうか。
　しかし、1人でも多くの部下とよりよい人間関係を構築できれば、業務がスムーズに回るのも事実です。そのためには、個々の部下の特性を把握し、的確な指示と信頼関係が重要です。
　部下に関しては、**直属の部下の部下**という人間関係も存在します。部下の部下に関しては、直属の部下との人間関係が大きな影響を及ぼすといえるでしょう。
　組織内の接点という観点から見れば、ミドルマネジャーの場合、**直属の上司**、**経営者**、**経営陣**との人間関係も挙げられます。

　通常、上司と部下という関係の下では、上司が部下に対して影響力を行使するものと考えられますが、影響力は必ずしも上位者に独占されるものではありません。
　部下がうまく上司を使いこなすという逆転の影響力の行使もありうるのです。これは、「**上司をマネジメントする**」といわれます。上司をマネジメントできるかどうかは、上司のことをいかに知っているかによります。つまり、人脈が築けているかどうかなのです。

直属の部下や上司とまではいかないまでも、同じ組織内で接点があるのは**他部門の同僚やその上司または部下**でしょう。

他部門だからといって、まったく接点がないような組織は硬直化していて問題ありです。普段は異なる仕事をしていて、ともすればライバル関係にあるかもしれません。しかし、同じ組織で働くメンバー同士、お互いに補い合える情報もあるでしょう。

お互いに補い合える人間関係が成り立つには、日常における**コミュニケーション**が必要となります。

何も人脈は組織の中だけとは限りません。企業を取り巻く**利害関係者（ステークホルダー）**も大事な人脈です。

ミドルマネジャーの人脈（ネットワーク）

組織
- 直属の部下
- 部下の部下
- 直属の上司／経営者／経営陣
- 他部門の同僚やその上司または部下

ミドルマネジャー

利害関係者
- 消費者
- 取引企業／協力企業／金融機関に所属する人
- 政府
- マスコミ関係者

利害関係者としては、製品やサービスを購入する**消費者**や、**取引企業**、サプライヤーなどの**協力企業**、さらには**金融機関に所属する人**が挙げられます。

また、市場全体を統括する立場にある**政府**も含まれます。

これら以外にも、**マスコミ関係者**が含まれるでしょう。

いずれの利害関係者においても、良好な人間関係に基づく人脈を構築することによって、情報の取得もさることながら、不利な状況に陥ったときは"援護役"になってくれる可能性もあります。

ただし、人脈を幅広く構築すると、それだけ人間関係を維持するためのコストもかかります。

ここでいうところのコストには、金銭的な費用に加えて、直接会って話をしたり、連絡をとり合ったりする時間も含まれます。

また、すべての人脈がうまく機能すればそれにこしたことはないのですが、何らかの理由で人間関係がこじれてしまったときに発生する損失も想定しなければならないでしょう。

一度構築した人脈の活用については、その方法もさまざまです。組織階層上の権限に基づくこともあれば、もちつもたれつのギブ＆テイクの精神に基づくこともあります。

時には無理を言って、動いてもらうこともあるでしょう。直面する状況、相手の都合、自分の資源といった要因を複合的にとらえて、柔軟な人脈の活用を心がけなければなりません。

> **Point**
>
> 課題（アジェンダ）の達成のために、「人脈（ネットワーク）づくり」が必要になる。

コッター教授に学ぶ

Section 3　リーダーシップとマネジメント
リーダーシップとマネジメントは車の両輪のような関係

　リーダーシップと並んで人々の行動に影響を与える現象として、**マネジメント**があります。

　では、リーダーシップとマネジメントとは、どこが違っていて、どのような関係にあるのかを考えてみたいと思います。

リーダーシップとマネジメントは違う

　リーダーシップとは、フォロワーに意識の変化を促す行為でした。ポイントは、リーダーが積極的に変化を促すということです。

　しかしながら、いつでもどこでも変化が求められるわけではありません。大きな変化の後は「安定」が必要です。

　これは企業経営だけに限った話ではありませんが、大きな方向性が定まれば、それに向かっていく体制づくりが必要になります。

　そして、体制はつくるだけでは意味がありません。つくり上げた体制をいかに効率的に運営していくかが大事です。

　つまり、当たり前のことをきちんとこなせるように、P（Plan：計画）→D（Do：実行）→C（Check：評価）→A（Act：処置）のサイクルを回していくことがマネジメントです。

　ビジョンを定めて、フォロワーをビジョンに巻き込んだら、その達成に向けて維持・発展させていく役割として、マネジメントが求められま

す。

　マネジメントが機能しないことには、せっかくリーダーシップを発揮してフォロワーの心を一つにしても、そこで立ち消えてしまいます。

　ただ、一度築かれた体制はビジョンが達成できるまで、見直す必要がないかといえば、必ずしもそうとはいえません。
　環境の変化の読み違えといった事態も、当然ながら生じる可能性もあります。
　想定外の事態が発生した場合は、見直しが必要になります。見直しは、すなわち変化を意味しますから、この場合はリーダーシップが必要となります。
　また、よりミクロな視点でいえば、転属や、新卒・中途採用による新規メンバーに対しては、意識の変化を多かれ少なかれ促さなければならないので、リーダーシップが求められます。

リーダーシップとマネジメントは車の両輪のような存在

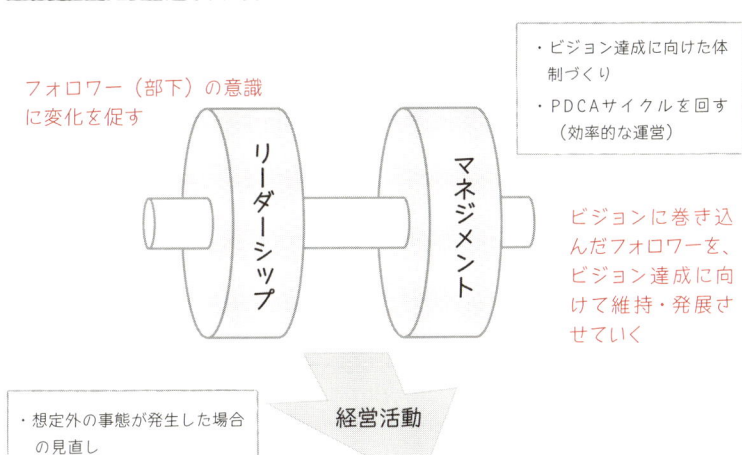

フォロワー（部下）の意識に変化を促す

リーダーシップ　マネジメント

・ビジョン達成に向けた体制づくり
・PDCAサイクルを回す（効率的な運営）

ビジョンに巻き込んだフォロワーを、ビジョン達成に向けて維持・発展させていく

経営活動

・想定外の事態が発生した場合の見直し
・転属、新卒・中途採用による新規メンバーへの意識変化

コッター教授に学ぶ

このように考えると、リーダーシップとマネジメントは、いわば車の両輪のような存在です。どちらかが欠ける、あるいはどちらか一方に偏ってしまうと、経営活動は成り立たないというわけです。

> **Point**
>
> 経営活動におけるリーダーシップとマネジメントは、補完的関係にある。

企業のトップに求められるのは？

リーダーシップとマネジメントが経営の両輪であるならば、それらは1人の人物が担うべきなのでしょうか？

たとえば、**日産自動車**の再建を果たしたCEOの**カルロス・ゴーン**は、再建と同時にグローバル展開を見据えた新車開発を目指すというビジョンを打ち出し、リーダーシップを発揮しつつも、「**日産リバイバルプラン**」の策定を主導して、ビジョンの実現に向けた計画および実施プランの行動指針を構築するためのマネジメントを実践しました。このようなリーダーシップとマネジメントの両方を使いこなす経営者は存在します。

リーダーシップとマネジメントは、必ずしも同一人物によって実行されるものとは限りません。社員の士気を奮い立たせるようなビジョンを打ち出す人物とそれを忠実に実現するための体制づくりをする人物が別人で、役割分担することによってリーダーシップとマネジメントを実行することも可能です。

たとえば、**本田技研工業**の創業者である**本田宗一郎**は、小さな町工場の時代から「世界一の二輪車メーカーになる」と社員に宣言し、マン島のオートバイレースでの優勝を皮切りに、次々と世界をアッと言わせな

がら、今日のホンダを築き上げました。

ただ、その業績は、ビジョンを実現するための戦略の構築と組織づくりに邁進した**藤沢武夫**の存在なしには、実現できなかったでしょう。

この場合、本田宗一郎がリーダーシップを発揮し、藤沢武夫がマネジメントを実践したという役割分担で、ホンダという会社を世界レベルにまで発展させてきたのです。

このように、リーダーシップとマネジメントは役割を分担することができますが、企業のトップとして重要なのはどちらかといえば、リーダーシップです。なぜなら、リーダーシップは、企業が進むべき道筋を示さなければならないからです。

また、方向転換するときも、その決断と、新たな方向を示さなければなりません。そういう意味で、企業のトップには、リーダーシップが求められます。

> **Point**
> 企業のトップは、マネジメントよりもリーダーシップが求められる。

なお、ここでいうところのマネジメントは、ドラッカー教授が主張するマネジメントとは少々違った意味でとらえています。

ドラッカー教授の指摘するマネジメントとは、企業を運営することを指し、「経営活動全般」ととらえることができます。

一方、ここで指摘するマネジメントとは、企業の目的を達成するための計画立案と資源配分および人材の統制という「管理活動全般」ととらえることができます。

いうなれば、ドラッカー教授のマネジメントは広義のマネジメント、ここで指摘するマネジメントは狭義のマネジメントととらえることができます。

コッター教授に学ぶ

Section 4　組織変革とリーダーシップ

組織が変わるためには、「8つのステップ」が必要

　リーダーシップは、フォロワーに意識の変化を積極的に促す行為ですが、その変化はフォロワーだけにとどまりません。つまりリーダーシップは、組織全体の変革を促す行為でもあります。

組織を変えるリーダーシップとは何か？

　組織の目的を達成するために、フォロワーに意識の変化を積極的に促す行為は、さまざまな場面で必要とされます。
　たとえば、日常業務で、これまでのやり方を見直さなければならない場面があるでしょう。また、新たな職場に転勤ないしは転属してきた人、あるいは新人として組織の一員になった人が、職場に適応できるようにする場面もあるでしょう。
　とりわけ、リーダーシップが強く求められるのは、企業がこれまでのあり方を見直さなければならず、抜本的な**組織変革**を行なわなければならないときです。
　このような組織変革を実現するリーダーシップを、**変革型リーダーシップ**といいます。

> **Point**
> 変革型リーダーシップとは、組織変革を実現するリーダーシップのことである。

ひと言に変革型リーダーシップといっても、実際に取り組むとなると決してたやすいものではなく、一朝一夕にできるものでもありません。なぜなら、人がこれまで正しいあるいは当たり前と思っていたことを一部ないし全部否定しなければならず、多かれ少なかれストレスをもたらすからです。

　したがって、組織変革においては、"抵抗勢力"と呼ばれるメンバーが必ず出てきます。抵抗勢力だからといって、邪魔者扱いして排除してしまうのはあくまで最終手段です。組織変革に至るまでに、いかに多くの人に意識の変化を促して巻き込んでいくかが、変革型リーダーシップの真骨頂といえるでしょう。

組織変革の8つのステップ

　では、どのようなプロセスで、変革型リーダーシップを実践し、組織変革を実現すればいいのでしょうか？
　組織変革は、以下の8つの段階を経て実現できます。

❶危機感を植えつける

　第1段階は、「**緊急課題であるという認識の徹底**」です。これは、すなわち組織内に危機感を植えつけるということです。

　リーダーが、企業を取り巻く環境の変化を察知し、変革の必要性を訴え、組織内に危機感を醸成することが、変革を促すリーダーシップの第一歩となるのです。

　第一歩とシンプルに表現しますが、この第一歩が踏み出せるかどうか、そもそも第一歩を踏み出す必要があるかどうかを見極められるか、もっといえば第一歩を踏み出すことを認識できるかどうかは、なかなかむずかしい問題です。

　偉大なリーダーたちは、いまある状態に対して絶えず関心を払い、疑

問をもち、解決を図ろうとします。その背景にあるのは、将来に対する憂いであり、不安であり、ひいては危機意識です。

リーダーにとっての危機意識というのは、組織のメンバーの誰もが危機であるとわかっている時点でもつものではありません。むしろ、メンバーが危機感をもつ前の段階で気づいていなければなりません。

そのためには、常日頃から、情報のアンテナを立てて、世の中の大局を見極め、自ら率いる組織が直面する可能性のあるリスクを意識しておかなければなりません。それは、「イケイケどんどん」の絶好調の状態であっても必要なことです。

❷同士を募る

第2段階は、「**強力な推進チームの結成**」です。組織変革のような組織を抜本的に変えるレベルのリーダーシップとなると、1人のリーダーの力ですべてが解決できるわけではありません。そこでは、リーダーと志を同じくする中核的なメンバーから成るチーム（**変革チーム**）を結成する必要があります。

変革の中心人物である**変革型リーダー**は、企業の場合は経営者ないしは経営陣に属するミドルマネジャーでしょう。変革を主導するリーダーが、最初に変革に巻き込んでいかなければならないのが、経営陣です。

また、変革チームの中核メンバーには、経営陣だけではなく、必要とあれば組織の階層を超えて、しかるべき専門知識や情報源、さらには人脈をもっている経営陣以外の人材を登用することもあります。

❸ビジョンを打ち出す

第3段階は、「**ビジョンの策定**」です。ビジョンは、すべての利害関係者にアピールしやすく、理解を得られるものでなければなりません。誰もがわかるシンプルなものであり、期待を抱かせるものでなければなりません。

たとえば、**ジョン・F・ケネディ**（第35代アメリカ大統領）が演説

組織変革の8段階

1 危機感を植えつける
緊急課題であるという認識の徹底

2 同士を募る
強力な推進チームの結成

3 ビジョンを打ち出す
ビジョンの策定

4 ビジョンを組織内に浸透させる
ビジョンの伝達

5 ビジョン実現のための環境整備
社員のビジョン実現へのサポート

6 短期的実績のアピール
短期的成果を上げるための計画策定・実行

7 トライ＆エラー
改善成果の定着とさらなる変革の実現

8 成果の定着と持続的発展
新しいアプローチを根づかせる

出所：ジョン・P・コッター著『第2版　リーダーシップ論』（ダイヤモンド社）をもとに作成

で、「10年以内に人類を月に到達させる」と発言し、米国民が大いにわいたというエピソードは、ビジョンの打ち出し方の典型例といえるでしょう。

しかしながら、たとえ人を魅了するようなビジョンを打ち出したとしても、実現しないことには意味がありません。ビジョンの実現のための道筋をつけなければなりません。

その具体的な道筋となるものが、戦略であり、計画であるのです。だから、決してビジョンだけが重要で、戦略や計画が二の次というわけではありません。しかし、ビジョンなしで、数字を羅列した複雑な計画を前面に出すことは問題です。そのような場合は、メンバーの理解を得られにくく、結果として組織を誤った方向に導いてしまいます。

❹ビジョンを組織内に浸透させる

第4段階は、**「ビジョンの伝達」**です。いくらすばらしいビジョンを策定しても、組織内に浸透しなければ意味がありません。組織内で共有されて初めて、ビジョンが活きてきます。

ビジョンは構築するのも一苦労ですが、それを組織内に浸透させるほうがもっと困難です。たとえば、単発の説明会や社内報の掲載だけではビジョンは伝わりません。あらゆるコミュニケーションの手段を活用し、何回も粘り強く情報を発信しなければなりません。

ビジョンの内容がシンプルでわかりやすくても、それを実現することがメンバーの腑に落ちるかどうかが肝心です。ビジョンの実現までの道筋が理解できることと、そのビジョンの実現が自分自身の仕事とどのように関連するのかという因果関係を把握できることが大切です。そうでないと、ビジョンを共有することはむずかしいでしょう。

そう考えると、ビジョンの浸透に関しては、まず変革チームで共有が図られ、次に各階層のミドルマネジャーに共有され、それからメンバーへと浸透させなければならないということです。

具体的な指針は戦略や計画に反映されます。ミドルマネジャーには、

ビジョン構築の意図と実際の業務とのつながりを翻訳してメンバーに伝えることが求められます。

❺ビジョン実現のための環境整備

第5段階は、「社員のビジョン実現へのサポート」です。ビジョンが組織内に浸透したとしても、各々のメンバーがその実現に向けて行動しないと意味がありません。

その場合には、ビジョンの実現を妨（さまた）げる制度や仕組みを見直さなければなりません。気持ちのうえでいくら変わったとしても、実際に動いてみても評価されなかったり、新たな動きがとりにくい煩雑（はんざつ）な手続きが残っていたりすると、成果も出ないし、メンバーのモチベーションも上がりません。むしろ、「はしごを外された」と感じて、以後の変革に非協力的になりかねません。

全面的にしろ、部分的にしろ、これまでやってきたことを否定することは苦痛を伴います。少しでも苦痛から逃れたいのが人間です。あえて苦痛を受け入れるのは、苦痛の先に得られるものが大きい場合だけです。苦痛の先に得られるものがわかっていても、実際に得られる可能性がなければ、あえて苦痛をとることはないでしょう。

それゆえに、苦痛を伴っても新たなことにチャレンジする行動は、尊いものですし、大事にしなければなりません。

思い切って踏み出した一歩を組織として全面的にバックするために、人的にも、資金的にも、制度的にも環境整備を抜かりなく行なうことが重要です。

❻短期的実績のアピール

第6段階は、「短期的成果を上げるための計画策定・実行」です。組織変革は、一朝一夕にできるものではなく、時間を要するものです。それゆえに、変革に携わるメンバーにとっては、結果が見えないことに不安を覚えるものです。不安が積み重なると、やがて不満につながります。

そもそも変革を実現させるまでには、そこに至るさまざまな問題をクリアしていかなければなりません。

　それらの問題の中には、どのような結果が出るのかが事前に把握できるものや、短期的に成果が出るものもあります。リーダーそして変革チームは、変革の実績づくりを反映した計画を策定する必要があります。

　短期的に成果をもたらすことは、変革に不安を抱いているメンバーにとって「これは、本物かもしれない」「この調子でやっていけば、できるじゃないか」という自信につながり、ひいてはリーダーおよび変革チームへの信頼につながっていきます。

❼トライ＆エラー

　第7段階は、「**改善成果の定着とさらなる変革の実現**」です。組織変革は、一度敷いたレールに乗ればそのままうまくいくというものではありません。当然のことながら、そのプロセスの中で、うまくいった施策は定着させ、不首尾に終わった施策は改めることが肝心です。

　いうなれば、トライ・アンド・エラーを繰り返す中で、最善のものを目指すという柔軟性が求められます。

　また、変革を持続させるには、変革の原動力となる人材を増やすとともに、育成することも必要となります。そのために、有能な人材を積極的に昇進させて、さらなる活性化を目指さなければなりません。特定の戦略や計画に固執したり、メンバーを固定したりするという硬直的な姿勢は、変革を逆行させてしまいます。

❽成果の定着と持続的発展

　第8段階は、「**新しいアプローチを根づかせる**」です。これは、変革の成果に関して、どの程度業績に貢献したのかという因果関係を組織内にアピールすることです。そうすることによって、変革に対して距離をとっていたメンバーからも協力が得られます。

　また、対外的にアピールすることによって、自社のイメージを高める

こともできます。

　いずれの場合においても、何らかの形で情報を発信しないことには、変革の成果を根づかせることはできません。

　成果が出たからといって、もちろんそれで終わりというわけではありません。とりわけ、企業の経営環境は変化が激しく、変革がうまくいったからといって気を抜いてはいられません。

　かといって、いつまでも特定のリーダーや変革チームがリードできるわけではありません。すなわち、組織内の新陳代謝を活性化する必要があります。

　そのためには、成果を**次世代リーダー**に引き継ぐということです。リーダーが手柄を独り占めしたり、その地位に居座ったりしては、せっかく変革を実現しても、その成果が長続きすることはありません。

> **Point**
>
> 組織変革は、一朝一夕にできるものではなく、しかるべきプロセス（8段階）を経て実現できる。

Resting Time

1時間目のまとめ

　気がつけば、1時間目が終わっていた。あまりに刺激を受けたので、少々興奮している。

　コッター教授の講義では、これから学んでいくリーダーシップに関して不可欠なトピックが簡潔に示された。リーダーシップの定義、リーダーシップのポイント、組織を変革するリーダーシップなど、この後の講義で説明されるトピックのアウトラインが理解できて、今後の学びへの意欲が出てきた。

　「フォロワーに意識の変化を積極的に促す」というリーダーシップの本質的な部分、そのために必要な「課題（アジェンダ）の設定」と「人脈（ネットワーク）づくり」という2つの行動が印象的だった。

　また、頭の中でゴチャゴチャしていた、リーダーシップと狭義のマネジメント（管理）との違いについても整理することができた。リーダーシップとは、個々のフォロワーから組織全体にわたって方向性を示して意識の変化を促す行為であり、マネジメントとは、定まった方向性をきちんとうまく回していけるように働きかけることだ。

　さらに、リーダーシップに関して、日常業務におけるリーダーシップと、組織変革におけるリーダーシップというように、状況によってリーダーシップが異なることもうなずけた。
　変化を促すといっても、その程度はさまざまだ。日常業務においても、やり方や考え方を見直すこともある。いまのわが社のように、組織変革が

迫られている状況もある。重要なのは状況に応じて、リーダーシップのスタイルを変えていく柔軟性をもつことだ。

　組織変革とリーダーシップに関しては、コッター教授は８つの段階があると述べていたが、なるほど、組織変革を成し遂げるには、一朝一夕に進めることはできず、その段階においても一足飛びにできるものではないことも腑に落ちる。何より、変革のステップは、今後わが社の組織変革を実行するにあたって大いに参考になった。

　２時間目は、マックス・ウェーバー教授の講義だ。社会学の巨匠の講義が聴けるとあって、ワクワクしている。官僚制組織とカリスマ、一見すると縁遠いテーマのように思えるが、どんなつながりがあるのだろうか……。

1時間目のノート
<そもそもリーダーシップとは?>

◎リーダーとはまとめ役のことであり、リーダーシップとは人々の心を一つにする働きかけのことである。

◎リーダーシップとは、フォロワーに意識の変化を積極的に促す行為である。

◎結果を出しているリーダーの行動として、「課題(アジェンダ)の設定」がある。また、その課題の達成のために、「人脈(ネットワーク)づくり」が必要になる。

◎経営活動におけるリーダーシップとマネジメントは、補完的関係にある。なお、企業のトップは、マネジメントよりもリーダーシップが求められる。

◎組織変革は、一朝一夕にできるものではなく、しかるべきプロセス(8段階)を経て実現できる。

2時間目

マックス・ウェーバー教授に学ぶ
「リーダーシップの理論的背景」

> 皆さん、マックス・ウェーバーです。2時間目は、リーダーシップの理論的背景として、官僚制組織とカリスマについてお話しします。
> 官僚制という考え方は、現代の多くの組織運営の基本となっています。しかし、組織は一度軌道に乗ったらそれで安泰というわけでもありません。そのような現状を打開しなければならないときに求められるのが、カリスマによるリーダーシップです。

Max Weber
マックス・ウェーバー

ドイツの社会学者、経済学者。社会学の巨匠といっても過言ではない存在で、その後の社会学者に多大な影響を与える。その関心領域は、政治、経済、宗教と多岐にわたる。主な著書は、『プロテスタンティズムの倫理と資本主義の精神』『経済と社会』など。

Section 1　組織が成立するための条件

「3つの支配」による秩序が必要である

　企業組織であれ、官公庁のような行政組織であれ、教会や寺院のような宗教組織であれ、組織と名のつくもの、ひいては社会全体が成り立っていくためには、人々が従うような**秩序**が必要です。

　人がお互い好き勝手にするような無秩序な社会では、その社会を構成する組織は立ち行かなくなります。たとえば、行政組織が立ち行かなくなると行政サービスが滞り、企業組織が立ち行かなくなると経済活動が滞ります。

　組織が立ち行かなくなるとあらゆる社会的な活動が滞ってしまいます。このような光景は、戦争状態あるいは内戦状態にある国家や、経済的に破たんした国家の惨状を見ればわかります。

　そう考えると、組織ひいては社会を維持・発展させるためには、秩序が必要ということになるでしょう。では、秩序をもたらすとは、どういうことを意味するのでしょうか？

ウェーバーの支配の3類型

　ここでキーワードとなるのが、**権力**と**支配**です。権力と支配というと、何か強制される、抑圧される、不自由を強いられるというネガティブな印象を受けます。しかしながら、これらのキーワードをイメージでとらえるのではなく、その本来の意味を理解すれば、いわんとしていることがわかると思います。

権力と支配という関係が成り立つには、それなりの条件があります。それは、**正当性**です。すなわち、権力と支配が成立する根拠が必要となってくるわけです。

考えてみれば、当たり前のことですが、理由もないのに人に従うことは、よほどのことがない限りありません。また、理由もなく、人に服従を強いることは、反発を招くだけです。

ならば、正当性には、どのようなものがあるのでしょうか。これに関しては、大きく分けて3つの正当性が存在します。具体的には、**合法的支配**、**伝統的支配**、**カリスマ的支配**です。

❶合法的支配

合法的支配とは、**規則**に従うことによって成り立つ支配と服従の関係です。

私たちの住む社会を見渡せば、さまざまな規則が存在します。たとえば、社会生活上の基本的なルールである「法律」、会社の設立や運営に関するルールである「定款」、学校内の活動に関するルールである「校則」といったものが挙げられます。

仮に規則を破ると、何らかのペナルティが課せられます。大半の人は、ペナルティを課せられるのが嫌で規則を守るだけではなく、規則を守らなければ秩序が乱れて混乱してしまうのを避ける意味でも規則を守ります。

合法的支配は、このような人の心理が働いて成立します。なお、この合法的支配を実現するための組織形態を、**官僚制組織**といいます。

❷伝統的支配

伝統的支配とは、長年培われてきた伝統に従うことによって成り立つ関係です。ここでのポイントは、伝統に対する尊敬の念です。

たとえば、日本の大相撲では、女性が土俵に上がることを禁じていま

すが、そのことが物議を醸したことがあります。現段階でも、日本相撲協会は、これまでの伝統に則って女性が土俵に上がることを禁じています。抜本的な見直しが行なわれないのは、多くの人がこの伝統を是認しており、伝統的支配が成り立っているからです。

❸カリスマ的支配

カリスマ的支配とは、**カリスマ**に対する民衆の帰依を意味します。ここでいうところのカリスマとは、「天賦の才能」とでもいうべき非日常的な資質をもつ人物のことです。

カリスマによる支配が成り立つのは、カリスマに対して、人々が帰依するに値する人物であると認識しなければなりません。

ただし、カリスマ的支配が一度形成されたからといって、それは末永く続きません。

そもそも、カリスマによる支配は、社会や組織が危機的な状況に陥ったときに見られます。それゆえに、危機的な状況が克服されて日常生活が取り戻されていくとカリスマ的支配が薄れます。

ウェーバーの支配の3類型

❶合法的支配	・規則に従う、支配と服従の関係 ・官僚制組織
❷伝統的支配	・伝統に従う、伝統に対する尊敬の念 ・女性が土俵に上がることを禁じている
❸カリスマ的支配	・カリスマに対する民衆の帰依 ・社会や組織が危機的な状況に陥ったときに見られる

やがては合法的あるいは伝統的支配に移していかなければなりません。

たとえば、新進気鋭のカリスマ起業家がモーレツな勢いで事業を拡大したものの、ささいなきっかけでカリスマ神話が瓦解(がかい)し、あっさり会社が倒産することがありますが、このケースは、カリスマ的支配をいつまでも続けることで、状況に適応できなくなった典型例といえるでしょう。

> **Point**
>
> 組織に秩序をもたらす方法には、合法的支配、伝統的支配、カリスマ的支配の3つがある。

マックス・ウェーバー教授に学ぶ

Section 2　官僚制組織とは？

「官僚制」の考え方が、組織運営の基礎である

　組織ひいては社会に秩序をもたらす方法として、「合法的」「伝統的」「カリスマ的」という3つの支配の形態がありますが、この中で、組織をコントロールする最もオーソドックスなものが規則に基づく**合法的支配**です。

　これはわざわざ説明するまでもなく、私たちが所属する身の回りの組織を考えれば一目瞭然です。この世の中は、各々が順守すべき法律をはじめとする規則に基づいて成り立っています。

　合法的支配を実現するための組織のあり方を、**官僚制組織**といいます。

合理的支配としての官僚制の特徴

　官僚というと、最近の日本では、「官僚支配」とか、「天下り」とか、あまりいい意味で用いられておらず、ネガティブなイメージをもつ人もいると思います。しかしながら、もともとの官僚制の考え方は、以下のように、現代の組織運営の基本となるものばかりです。

●規則によって規定された組織体

　官僚制では、組織内のすべての活動は規則に基づいています。したがって、そこに参加するメンバーの役割や権限、そして果たすべき義務、さらには役割に伴う責任についても、すべて規則によって規定されています。

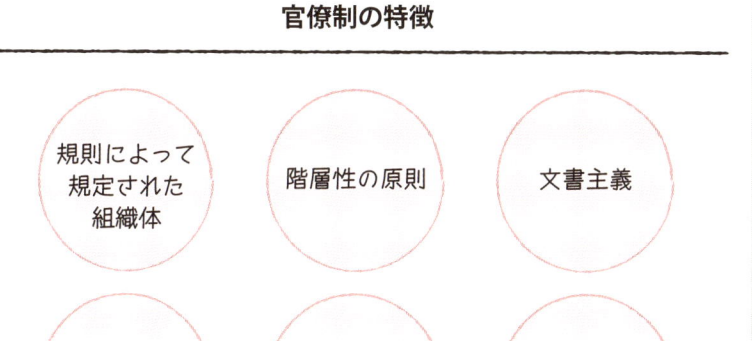

官僚制の特徴

- 規則によって規定された組織体
- 階層性の原則
- 文書主義
- 専門的なトレーニング
- フルタイムの勤務
- 習得可能な規則

　また、規則を破ることによるペナルティも、当然のことながら規定されています。

　規則といえば息苦しさを感じるかもしれませんが、規則があるから秩序がもたらされ、規則があるからやるべきこと、評価されるべきこと、懲罰の対象になることがわかり、行動の見通しが立ちます。

● **階層性の原則**

　官僚制では、上位の職位が下位の職位に命令を下す上意下達の階層性を前提とします。

　ただし、ここで注意したいのは、このような上下関係は、人間によって規定されているのではなく、各階層に存在する役割によって規定されているということです。

　階層性の原則は、**命令一元化の原則**と言い換えられます。

● **文書主義**

　組織内での業務の執行に関して、官僚制では、基本的に文書によって

執り行なわれます。

IT技術の発達した21世紀から見ると、少々古い感じがするかもしれませんが、文書に基づく情報のやり取りにおいて何が重要かというと、情報が文字の形で記録されるということです。

文書化することによって、情報が組織内で共有され、人にくっついていた情報から組織にくっつく情報となり、より効率的な組織運営が実現できるのです。

●専門的なトレーニング

規則によって割り当てられた役割に関しては、それぞれが専門分化されています。それゆえに、役割を担う人はそれに見合う専門的なトレーニングが求められます。

専門的なトレーニングが必要であるということは、見方を変えれば、専門的なトレーニングを受ければ役割を遂行できるということです。

●フルタイムの勤務

官僚制において、組織に所属するメンバーは、その組織に専従しなければなりません。

21世紀の現代社会では、パートタイムや派遣社員といった形で、組織に専従しない雇用形態が存在しています。しかし、組織に専従している正社員が存在せず、非常勤の社員だけで運営されている組織はありません。つまり、特定の組織に専従している人がいないと組織というものは成り立たないといっても過言ではないでしょう。

●習得可能な規則

専門化された職務には、その専門性が発揮できるような規則が存在しています。つまり、いまでいうところの**マニュアル**です。習得可能な規則があるからこそ、「専門的なトレーニング」が成り立ちます。

ちなみに、この原則を経営管理に応用した代表的な理論が、**科学的管**

理法**です。科学的管理法では、一流の労働者の動作および所要時間を測定して、理想的な作業をマニュアル化します。また、作業をマニュアル化することによって、標準的な作業量、すなわちノルマも確定します。このノルマをクリアすればより多くの報酬を出すという、**差別的出来高給**と呼ばれる賃金体系も構築されました。

　官僚制には以上のようなメリットがあるので、組織運営の持続性が保証されることになります。官僚制は、普段の私たちの生活に大変密着したものであるといえるでしょう。

マートンの官僚制の逆機能

　官僚制は、現代社会のあらゆる組織運営の基本となる考え方ですが、「過ぎたるはなお及ばざるがごとし」ということわざもあるように、行き過ぎると思わぬデメリットが生じてしまうことも事実です。
　昨今の日本で叫ばれている官僚批判の一端は、ここにあるといえるでしょう。
　官僚制が抱える負の側面を、社会学者の**マートン**は**官僚制の逆機能**と呼び、以下に挙げるような特徴を指摘しました。

❶規則の独り歩き

　官僚制では、規則を何より重視します。ただし、規則の中には、いつ何時どんなことが起ころうとも変更することのない普遍的なものとそうでないものがあります。
　たとえば、普遍的な規則としては、人を殺めたり、財産を強奪したりしてはならないといったものです。一般に刑法で規定されている犯罪は、状況に応じて柔軟に変更するものではありません。
　その一方で、一挙手一投足に至るまで厳密に規定されたマニュアルに

基づいて非人格的に振る舞うような職場があったとすると、そのマニュアルが未来永劫有効である保証はありません。経営環境の変化に合わせて、マニュアルを見直す必要があります。

現在の環境にマッチしないマニュアルが機能しているような状況にあれば、まさにここでいう「規則の独り歩き」が生じています。また、規則が独り歩きする状況は、環境不適応を起こしている事態であり、それがエスカレートすると組織がダメになってしまいます。

❷最低限の行動で済ます

規則には、やるべきこととやってはいけないことが明記されています。やるべきことをやるのは、奨励されますし、評価にもつながります。

ところが、見方を変えると、やってはいけないことをやらなければ、誰も文句は言わないということも事実です。規則に忠実に、最低限の行動をすれば、評価を下げられることはありません。一般的にいうところの「事なかれ主義」でしょう。

既存の規則がうまく機能している組織は、たとえ最低限の行動で済ますメンバーがいても問題はないでしょう。ところが、規則を見直さなければならない事態になったときに、問題は噴出します。

規則を見直すということは、規則通りに振る舞うこと以外に、プラスアルファの努力が必要です。最低限の行動で済ますメンバーばかりの組織では、メンバーの意識を変えない限り、変化は望めません。

❸不満足を生む対応

不満足を生む対応とは、よく「お役所仕事」と揶揄されるように、顧客に対して、規則に忠実な融通が利かない受け答えや態度をすることを意味します。

しかしながら、すべての顧客にフェアに振る舞うという意味では、杓子定規な対応というのは、必ずしも批判を受けるものではありません。

その一方で、過度に規則に忠実であることは、時に無用の軋轢を生む

官僚制の逆機能

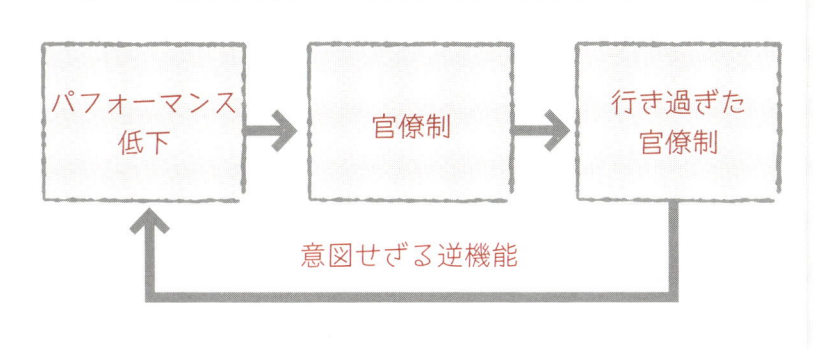

```
パフォーマンス低下 → 官僚制 → 行き過ぎた官僚制
           ↑─── 意図せざる逆機能 ────┘
```

❶ 規則の独り歩き
❷ 最低限の行動で済ます
❸ 不満足を生む対応
❹ 手段の目的化

のも、また事実です。

そう考えると、どうしても規則として譲れない一線は確保しながらも、融通が利くところでは臨機応変に振る舞うことが求められるといえるでしょう。

❹手段の目的化

組織には、そもそも目指すべき根本的な目的があります。その目的を達成するために、組織があり、その組織がうまく機能するために官僚制のシステムが存在し、官僚制がシステムとして機能するために規則が存在します。

ところが、日常業務の中で、規則に忠実になるあまり、規則を順守することがいつの間にか目的となってしまい、大きな目的が頭から抜け落

ちてしまうことがあります。

これは何も官僚制だけの問題ではありません。私たちの日常生活にも、手段の目的化の罠は存在します。

たとえば、試験で100点満点を取ることは、対象となる課題を完全に理解していることを意味します。その理解をもとにさらに知識を深めていき、自分の人生に活かしていくことが本来の目的でしょう。

ところが、手段が目的化することによって、とにかく100点満点を取ることが目的になってしまうと、試験の後はすっかり内容を忘れてしまうという結果になります。

このように、マートンの指摘した官僚制の逆機能を引き起こす具体的な現象を見ていくと、新たな環境に適合する場面で、顕著に表われる傾向にあります。

> **Point**
>
> 官僚制は、組織に秩序をもたらすという側面もあるが、行き過ぎると意図せざる逆機能に陥る。

リーダーシップの理論的背景

Section 3　カリスマ的リーダーシップ

変革型リーダーシップと、共通点や類似点が多い

　合法的支配による官僚制組織は、環境の変化が激しい不確実な状況においてはうまく機能しない場合があります。

　その場合に登場してくるのが、**カリスマ**と呼ばれる特殊な才能を身につけた指導者のリーダーシップによる支配です。

　多くの課題を抱えて閉塞状況にある組織の行き詰まりを打開するには、これが必要となります。

カリスマによる支配が成り立つ状況

　ところで、特定の人物がカリスマであるとみなされるのは、その人物が一定条件を満たす資質をもっているからではありません。周囲の人がカリスマとして認知することによって成立します。

　言い換えると、信奉者が出てきて初めて、信奉される人物がカリスマであるとみなされるというわけです。

　カリスマ性をもつと目された人物とその人物を信奉する人との関係によって成り立つ支配を、**カリスマ的支配**といいます。

> **Point**
>
> 信奉者が出てきて初めて、信奉される人物がカリスマであるとみなされる。

たとえば、戦後日本の流通業界の頂点に君臨したかつての大手総合スーパー・**ダイエー**の創業者である**中内㓛**は、フィリピン戦線から復員後、何もないところから起業し、消費者に圧倒的な低価格で商品を提供する流通革命を成功させました。そして、ダイエーをわずか20年足らずで日本一の総合スーパーに成長させたのです。

ダイエーは、中内のリーダーシップの下、破竹の勢いで成長しましたが、やがて環境の変化に対して中内の経営判断にずれが生じ始め、そのカリスマ性に陰りが見えてきました。そして、カリスマ中内の創り上げたダイエー王国は瓦解したのです。

中内の経営者人生を振り返ると、カリスマの凄まじさと脆さを鮮やかに映し出した事例であるといえるでしょう。

カリスマと目されるような人物が登場するのは、環境の変化が激しく、先行きの見えない、混沌とした、まさに非日常的な状況です。中内が登場したのも、第二次世界大戦の敗戦という混沌とした状況からでした。

非日常的な状況下にある人間は、著しく不安を覚えています。そのような社会にあれば、誰か頼りとなる人物に依存することによって、先行きの不安を和らげたいと思うでしょう。

そのような状況下においてカリスマは、人が希望を持てるようなビジョンを示して不安を和らげ、やがては人と強いつながりを構築していきます。

カリスマ的支配が日常化するとどうなる？

カリスマによる支配は非日常的なものであるので、変革期においては有効に機能しますが、変革から再び安定した状況に移るにつれて、見直さざるを得ない局面に入ってきます。

具体的にどうなるかというと、カリスマ的支配から合法的あるいは伝

統的支配にシフトするということです。

ただし、このシフトがすんなりいくとは限りません。そこには、さまざまな要因が介在し、ともすれば根本的な支配の体系が崩れることもなきにしもあらずです。

たとえば、ダイエーの場合は、中内のトップダウンに基づく経営に終始し、カリスマ的支配から脱却できませんでした。

信奉者によって祭り上げられたカリスマは、末永く熱烈な支持が得られるとは限りません。カリスマであり続けるには、成功し続けなければならないのです。さもなければ、周囲のカリスマ熱はあっけなく下がっていきます。

さらに、厳しいことには、組織のパフォーマンスが下がったとき、その直接の原因がカリスマによるものでなかったとしても、信奉者であるフォロワーは「カリスマのせいでそうなった」と考える傾向にあります。

そうなってしまうと、カリスマへのフィーバーは一気に収束してしまい、逆に、リーダー降ろしが始まります。

ダイエーの場合は、社員ではなく、世間が中内のカリスマ性の限界を感じてダイエーから離れていき、業績悪化を招き、やがて中内は退場していかざるを得なくなりました。

> **Point**
> カリスマ的支配は、変革期においては有効に機能するが、安定した状況に移るにつれて、合法的あるいは伝統的支配にシフトする。

マインドルの リーダーシップの幻想

社会心理学者の**マインドル**を中心とする研究チームが、アメリカの経

済状況と新聞や雑誌で取り上げられるリーダーシップの関係を調査したところ、「景気が極端によかったときと悪かったときに、社会はリーダーシップに注目する」という現象を発見し、これを**リーダーシップの幻想**と名づけました。

つまり、社会や組織あるいは集団で、大きな業績が上がればリーダーは称賛され、何か悪いことがあればリーダーはやり玉に挙げられるということです。

たとえ、その原因がリーダーによるものでなかったとしても、リーダーが評価の対象になります。

> **Point**
>
> 景気が極端によかったときと悪かったときに、社会はリーダーシップに注目する（リーダーシップの幻想）。

リーダーシップの幻想は、私たちの日常生活でよく見受けられます。

たとえば、日本のプロ野球でその年の優勝チームの監督は、リーダーシップが称賛されます。

優勝するにあたっては、選手の能力やコーチのトレーニングの方法など、さまざまな要因がうまく融合した結果であるにもかかわらず、最も評価されるのが監督のリーダーシップです。逆に優勝を逃すと、批判の矢面に立たされるのも監督です。

政治の世界でも、たとえば**バラク・オバマ**（第44代アメリカ大統領）は、「Change」「Yes, we can.」というキャッチフレーズで、閉塞感が漂う米国を復活させるという強いメッセージを発信し、熱烈に米国民に受け入れられました。

ところが、さまざまな施策を投入するも、リーマンショックの後遺症、そこから派生したギリシャ危機などの経済環境の悪化も重なって、支持を失いつつあります。

つまるところ、カリスマ的支配は大きな変化をもたらす爆発力をもっていますが、そこからより平常時に適した合法的支配、伝統的支配にシフトしなければならないという大きな問題があります。

　なお、カリスマの日常化に関してさらに注意しなければならないのは、「後継者の問題」です。いくら優れたカリスマであっても、不老不死の人物はいません。やがては衰えて、一線から退かなければならなくなります。カリスマが退場するときにしかるべき後継者がいないと、組織は存続できません。

コンガーとカヌンゴの カリスマ的リーダーシップ

　社会を支配する１つの形として登場したカリスマの概念ですが、やがてリーダーシップと結びついて、**カリスマ的リーダーシップ**として発展していきます。
　カリスマに関する基本的な考え方は、カリスマ的リーダーシップの議論でいまも受け継がれています。
　たとえば、最も重要なポイントであるカリスマの成立要件についても、「フォロワーがカリスマであると認知すること」としています。
　カリスマ的リーダーシップは、リーダーの資質というよりも、むしろ行動特性に注目するという点で、カリスマ支配とは異なります。

　では、カリスマ的リーダーシップの行動とは具体的にどのようなものなのでしょうか？
　ここでは、カリスマ的リーダーシップの代表的論者である**コンガー**と**カヌンゴ**の研究に基づいて進めていきます。コンガーとカヌンゴの研究によると、カリスマ的リーダーシップの行動特性は以下の６つの要因から成ります。

❶ビジョンを打ち出す

　カリスマ的リーダーシップの第1の行動特性は、魅力的なビジョンを構想し、それを組織内に打ち出していくということです。

　カリスマ的リーダーシップにおいても**変革型リーダーシップ**と同じように、主となるメッセージは「変化を促す」ということですから、組織が向かうべき新たな方向性をビジョンで示すことが重要となります。

　そもそもカリスマが求められる状況というのは、周辺環境の不確実性が高まり、それに対して組織がうまく適応することができなくなった現状に対する不満、さらには将来に対する不安が相まったときです。

　そのようなときに、状況を打開できるとおぼしき人物を待望し、その可能性がありそうな人物をカリスマ視することによって成立します。

　状況を打開できるとおぼしき人物であるとフォロワーから認められるには、将来に期待がもてるようなメッセージを発することが最も有効です。

　スピーチの方法にしても、聴衆が理解できる明確な言葉とゆったりとした話し方で言いたいことを強調することが大切です。

　しかしながら、その背後には、話を聞かせるという姿勢ではなく、フォロワーにわかってもらうという相手をおもんぱかる気持ちがなければなりません。

　アカデミー賞を受賞した映画『**英国王のスピーチ**』では、吃音というコンプレックスを抱えた主人公・ジョージ6世が、さまざまなトレーニングと意識変革の果てに名スピーチを果たしますが、その模様はリーダーのビジョンの表明の参考になるでしょう。

❷環境の変化を察知する

　カリスマがカリスマたるゆえんは、人を魅了するようなビジョンおよびその表明のパフォーマンスによるところにありますが、その源流を遡れば、組織を取り巻くさまざまな環境の変化を察知し、今後の見通しを立てる能力に行き着くでしょう。

コンガーとカヌンゴのカリスマ的リーダーシップ

1. ビジョンを打ち出す
2. 環境の変化を察知する
3. 型にとらわれない行動
4. リスクをとる
5. フォロワーの気持ちを察知する
6. 現状に満足しない

▼

以上の行動によって、
カリスマ型リーダーと認知される！

ビジョンは、降ってわいてくるものではありません。

いくら情報を収集しても、もっているだけでは宝の持ち腐れです。情報から意味を汲み取らなければなりません。

「変革すべきところはどこか？」

「なぜ変革しなければならないのか？」

「変革した後はどうなるのか？」

このような問題意識を常日頃からもっていないと、情報をうまく読み取ることはできません。

問題意識をもち続けるとは、環境が安定したからといって気を抜いてはならないということです。

これはカリスマだけに限ったことではありませんが、組織のトップに立つ人間は、常日頃から緊張感をもち、周辺の環境に絶えず気を配っていなければならないということです。

❸型にとらわれない行動

カリスマ的リーダーシップが求められるのは、組織変革のような非日常的な状況です。非日常的な状況ゆえに、それまで支配的だった、あるいは常識と思われてきた考え方を見直すことが求められます。

もちろん、変わるといっても、ありとあらゆることを破壊して改めるのではなく、問題の核心を見極めて改めるべきところを改めるということです。何もかも壊してしまうのは、変化ではなく、単なる破壊にすぎません。

意思決定するときに、結果はわかりません。ゆえに、先行きの見えない問題に対して、現段階で活用できるあらゆる情報や知識、そして知恵をフル活用した仮説を立てて臨まざるを得ないのです。

仮説の精度をいくら高めても正解は保証されませんが、十分に練った仮説であるならば、その可否を見極める判断も比較的早くできると思います。

しかし、思いつきであるとか、十分な下調べもなく立てた仮説などは、後戻りできなくなるほど問題が深刻化しないと、その可否がわからないことが往々にしてあります。

❹リスクをとる

先行き不透明なところに、ビジョンを示し、その実現のために常識の枠を超えた行動をとるというカリスマ型リーダーの心理的背景には、「何か起きれば、責任はすべて自分にある」というリスクをとる覚悟が存在します。

別に失敗する可能性が低い方法があれば、わざわざリスクをとる必要はありません。しかし、先行き不透明な状況では、いかなるアクションでも多かれ少なかれリスクが伴います。リスクが伴うといっても、この場合、従来の方法に固執するほうが、かえってリスクが高いともいえます。

　「リスクヘッジ」に代表されるように、事前に入念にあらゆるパターンを想定し、その中でシミュレーションを繰り返したのちにリスクをとるべきです。

　どうしても白黒つけなければならないときはありますが、うまくいかなかったからすべてが無に帰すというわけでもありません。

　失敗したとしても、何らかの形で後始末はつけなければなりません。1人でも多くのフォロワーを路頭に迷わさないように、たとえ「敗軍の将」という汚名を着せられても最後まで務めるのが、リーダーの責務といえます。

❺フォロワーの気持ちを察知する

　カリスマ的リーダーシップには、フォロワーにとっても多かれ少なかれ意識の変化が求められます。意識の変化といっても、実際にそのような場面に直面すると、程度の差こそあれ、必ず苦痛を伴います。

　フォロワーの中でも変化の必要性を感じている者ならば、苦痛に耐える用意をしています。しかし、心の準備ができていても、一気に苦痛が押し寄せてくれば、心の許容量をオーバーしてしまい、変化についていけなくなることがあります。

　カリスマ的リーダーシップにとって必要なのは、フォロワーの心の動きに絶えず気を配るということです。相手のことを考えずに、正論で突っ走って、気がつけば誰もついてくる者がいないということもあり得ます。

　また、童話の『**裸の王様**』のようなイエスマンばかりの組織も、「イエス」と言えば何とかなるという思考停止状態のフォロワーの心の動き

を王様が察知できないゆえに、詐欺師に騙されて裸で街を行進するという醜態をさらす結果を招きます。

❻現状に満足しない

　組織を取り巻く環境は、刻一刻と変化しています。絶えず訪れる変化に対して、いかにして向き合うのかという意識をもたないことには生き残っていくことはできないでしょう。

　絶えず問題意識をもち続けるためには、現状に満足するのは禁物です。満足するということは、いま以上に成長すること、前に進むことを放棄した状態です。

　考えてみれば、現実社会を生き抜いていくには100点満点の答えなどありません。大きな課題を達成したとしても、そこには何らかの問題が存在しています。

　現状に満足するとは、言い換えると、本当は向き合わなければならない問題から目をそらしているともいえるでしょう。

　カリスマ的リーダーシップを発揮するためには、絶えず高い問題意識をもっていなければなりません。また、変革を成し遂げて環境が安定したとしても、それに満足することなく、さらなる高みに向かって意識を研ぎ澄ますことが肝心です。

　カリスマ的リーダーシップの特徴は、変革型リーダーシップと共通する部分が少なくありません。すなわち、環境の変化を読み取り、ビジョンを示して、フォロワーをそれにうまく巻き込んで達成していくというものです。

　実際のリーダーシップ研究においても、カリスマ的リーダーシップと変革型リーダーシップは、論者によって見解の相違はある程度存在しますが、非常に近い関係にある理論であることは間違いないでしょう。

> **Point**
> カリスマ的リーダーシップと変革型リーダーシップは、共通することが多く、近い関係にある。

Resting Time

2時間目のまとめ

　2時間目が終わった。

　マックス・ウェーバー教授は、組織の根本的なあり方である官僚制組織と、現状を打破するカリスマの存在およびカリスマ的リーダーシップについて説明すると、教室から出て行った。

　この講義では、リーダーシップ論の背景にある組織について、権力と支配という観点から、基本的な考え方を理解することができた。組織に秩序をもたらすには、合法的、伝統的、カリスマ的という3つの支配のタイプがあることを知った。

　現代の組織においては、合法的支配が基本にあり、それを実現するのが官僚制組織ということだった。官僚といえば、どうしてもネガティブなイメージを抱きがちだが、その特徴を聞くと、「なるほど」と思えることばかり。しかし、官僚制も行き過ぎると、逆機能というマイナス面がある。

　また、組織が閉塞状況に陥った場合には、カリスマ的リーダーシップが必要であり、そのリーダーシップのあり方は、コッター教授が指摘する組織を変革するリーダーシップに通じる。とりわけ、ビジョンによる方向性の打ち出し、そして、フォロワーへの働きかけというエッセンスは、共通するところだ。

　しかしながら、カリスマによる支配は、あくまで非日常的なものであり、カリスマ的リーダーシップによってもたらされた新たな秩序をいかに根づ

かせるかという点で、マネジメントの重要性も再確認できた。

　３時間目は、リーダーシップの行動特性ということで、三隅二不二教授の講義を聴ける。三隅教授は、リーダーシップ研究の金字塔といわれる「PM理論」の提唱者だ。行動からリーダーシップを明らかにするという、いたってシンプルな話だが、奥が深そうだ。

　高ぶる気持ちを押さえながら、３時間目の時間を心待ちにしているうちに、日本の誇るリーダーシップ研究者が、颯爽と現われた……。

2時間目のノート
＜官僚制組織とカリスマ＞

- ◎組織に秩序をもたらす方法には、合法的支配、伝統的支配、カリスマ的支配の3つがある。

- ◎官僚制は、組織に秩序をもたらすという側面もあるが、行き過ぎると意図せざる逆機能に陥る。

- ◎信奉者が出てきて初めて、信奉される人物がカリスマであるとみなされる。

- ◎カリスマ的支配は、変革期においては有効に機能するが、安定した状況に移るにつれて、合法的あるいは伝統的支配にシフトする。

- ◎景気が極端によかったときと悪かったときに、社会はリーダーシップに注目する（リーダーシップの幻想）。

- ◎カリスマ的リーダーシップと変革型リーダーシップは、共通する点が多く、近い関係にある。

3時間目

三隅二不二教授に学ぶ
「リーダーシップを発揮する方法」

> 3時間目を担当する三隅二不二です。よろしくお願いします。
> リーダーシップについては、「リーダーの資質で決まる」という考え方がありますが、どうも資質だけでは説明がつきません。ですから、どのような行動上の特徴があるのかというアプローチが必要です。
> 私の提唱する「PM理論」とは何か、この理論で何がわかるのかをお話しします。

三隅二不二
みすみ・じゅうじ

元九州大学教授、大阪大学名誉教授。「グループダイナミクス」(集団力学)を初めて日本に紹介し、財団法人集団力学研究所を設立する。また、リーダーシップを目標達成機能と集団維持機能という2つの機能によって説明したPM理論を発表し、リーダーシップ研究の発展に貢献した。

三隅二不二教授に学ぶ

Section 1　リーダーシップを決定づけるもの

リーダーシップは資質ではなく、行動で決まる

　リーダーシップは何で決まるのでしょうか？

　「私と違って、あの人は、リーダーの才能があるから」と言って、自分自身の可能性に蓋を閉じてしまう人もいるかもしれません。たしかに、才能がリーダーシップの発揮に影響を及ぼす可能性はないとはいえませんが、それだけで決定するともいえません。

　たとえば、ある職場で抜群のリーダーシップを発揮していた人が、別の職場でまったく冴えないことがあります。ならば、才能以外に考慮すべきことがあるのではないでしょうか。

リーダーシップは自然発生的なもの？

　そもそも、「リーダーって誰？」という問いに対して、どう答えればいいのでしょうか？

　リーダーとは、「大統領とか社長とか監督などといった役割を担っている人物」と返答することができるでしょう。しかし、リーダーは、特定の役割を担った人物だけでしょうか？

　たしかに、組織や集団のトップの地位にある人物は、リーダーシップが求められる役割であることには違いないでしょう。ただ、現実的に考えると、そうした地位にある人物のすべてがリーダーシップを発揮しているわけではありません。

　ともすれば、リーダーと呼ばれる地位にありながらも、周りのフォロ

ワーからリーダーと目されておらず、ただの独裁者であるとか、目の上のたんこぶであるとか、能無しの人物であるなど、辛辣（しんらつ）な評価を受けていることもあります。

リーダーの役割を担っていない人物においても、「リーダーシップを発揮しているリーダー」と認識される例もあります。

たとえば、インド建国の父として現在においても尊敬されている**マハトマ・ガンジー**は、大統領や首相といった特定の役割を担って組織を主導した人物ではありません。一弁護士としてインドの独立運動を起こし、結果として、多くのインド国民の共感を得て、独立運動のリーダーシップを発揮したといえるでしょう。

ガンジーのようなリーダーの役割を担っていない人物がリーダーシップを発揮するといわれても、「そんなことができるのは、特殊な能力をもったほんの一部の人だけだ」と思うかもしれません。

しかし、自然とリーダーシップが生成するというパターンは、私たちの日常生活においてもしばしば見受けられるのです。

たとえば、休日を過ごすのに友だちとバーベキューをしたいと考えている人がいたとしましょう。バーベキューの発案者は、そのプランをいろんな友だちに話して参加者を募った結果、多くの人が駆けつけ、バーベキューが盛り上がったといったケースは、よく聞く話ではないでしょうか。

バーベキューに参加しようと思った人は、バーベキューの発案者に対して、その人のプランに乗って楽しみたいと思ってついていったと考えられます。この場合、バーベキューの発案者は、参加者からリーダーと目され、リーダーシップを発揮したといえます。

ちなみに、このような自然発生的なリーダーシップは、組織の各メンバーの役割分担が明確ではなく、十分に組織化されていない状況において見受けられ、**流動型リーダーシップ**と呼ばれます。

組織が安定的な環境で役割が確立されている場合は、流動型リーダーシップは生成しない状況なので、企業に代表される現代社会の組織においては無縁な話と思いがちです。

　しかしながら、企業を取り巻く経営環境は絶えず不確実性が伴うので、完全に流動的にならないまでも、ある程度の自由度や自律性のある組織編成をとり、環境に適応させるということは往々にしてあります。

　そのようなときに、社員の誰もがリーダーシップをとれる流動型リーダーシップを活用する場合が存在します。

流動型リーダーシップとは？

発案者「バーベキューをしよう」

参加者「いいね！やろう、やろう」

リーダー

バーベキューが盛り上がった ＝リーダーシップを発揮した

リーダーシップと資質の関係

　リーダーシップをもつ人は、必ずしもリーダーという役割を担う人物に特定されるものではありません。役割でないのなら、真っ先に思い浮かぶのは「性格」や「才能」といった個人の資質かもしれません。

　リーダーシップを発揮していた人物として、よく歴史上の偉人が挙げられますが、その偉人たちは、リーダーとしてパーフェクトな人間だったかというと疑問が残るでしょう。
　たとえば、よく上司にしたい理想の人物として、戦国武将の**織田信長**が挙げられますが、信長がリーダーとしてパーフェクトだったかどうかは、はなはだ疑問です。
　楽市楽座という自由に交易できる市場を創設して経済活動の活性化を図ったり、鉄砲を大々的に戦闘に用いたりして、リーダーシップを発揮した信長ですが、その一方で、比叡山焼き討ちに代表されるように、反逆する者に対しては容赦のない弾圧を加えるという暴君のような振る舞いもあり、挙句の果てには信頼していた部下である明智光秀の謀反にあいました。

　このように、リーダーの全体的な人物像からリーダーシップをとらえると、どうしても功罪入り交じります。
　「リーダーシップを個人の資質だけに求めるのは無理がある」というのが、これまでのリーダーシップと個人の資質の関係性を調べた諸研究から導かれた結論です。
　言い換えると、「リーダーシップに影響を与える資質は存在するが、リーダーシップの発揮に決定的に影響を与える資質は存在しない」ということです。

リーダーシップの資質は何かと問われれば、「誠実さ」「決断力」「外向性」といった特徴が挙げられるでしょう。

　これらの資質はいずれもリーダーシップの発揮にとって必要かもしれませんが、仮にある人が誠実か不誠実かを明確に判断する能力を私たちはもち合わせていません。

　たしかに、即断即決できる人には決断力があるように見えますが、即断即決は時として思慮分別に欠けることがあり、逆にギリギリまで判断を伸ばすことで、より無難な決断が得られることもあります。

　外向性についても、ある程度は判定できますが、リーダーシップが求められるあらゆる状況で必要かといえば、必ずしもそうではないでしょう。

　たとえば、1つの判断で多大な犠牲を伴う軍事作戦を展開する司令官は、明るく元気に振る舞うよりも、冷静沈着で思慮深いという内向性が求められるといえます。

　いずれにせよ、さまざまな資質についてリーダーシップとの関係性を指摘されていますが、その資質を確実に認識できるかどうか、仮に認識できたとしても、組織や集団が直面している状況によって必要とされる資質が変わります。

　そう考えると、リーダーシップを個人の資質だけに求める人物像のアプローチには限界があるということです。

リーダーシップを
リーダーの行動に求める

　個人の資質の観点からは、必ずしもリーダーシップを論じきれないということは、特定の資質をもっていなくても、リーダーシップを発揮できるということになります。

　つまり、「私は、リーダーの才能がないから、リーダーシップなんか

無理」という人がいますが、この言い訳は、理論的には意味がないといえるでしょう。

言い換えると、リーダーシップは、やりようによっては誰でも発揮することができるのです。

では、どうすればいいのか？　それは、リーダーシップの行動特性を把握し、それを実践することです。特定の行動をとることによって、リーダーシップを発揮することができるというわけです。

リーダーシップの行動特性を導き出すにあたって重要なのは、**フォロワーの評価**です。

リーダーシップは、フォロワーの意識に変化を与える影響力なので、たとえば、フォロワーの職務満足度や生産性にプラスの影響を与える行動にリーダーシップを求めるというわけです。

フォロワーの評価とは？

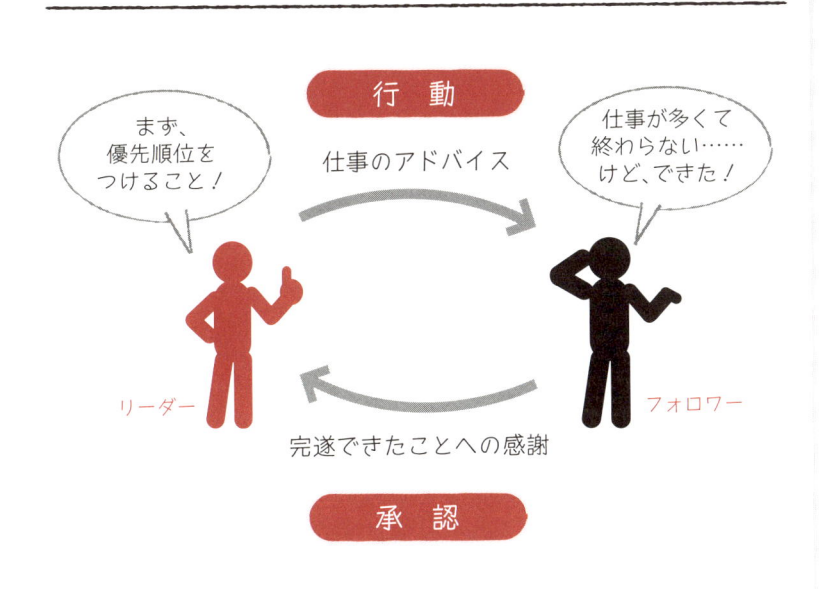

行　動
仕事のアドバイス

まず、優先順位をつけること！

仕事が多くて終わらない……けど、できた！

リーダー　　　フォロワー

完遂できたことへの感謝

承　認

そこで、組織や集団におけるリーダーとフォロワーとの間のやり取りの中で、どのような行動がフォロワーにリーダーシップとして影響を与えているのかを探索し、その行動と成果の因果関係を明らかにする必要があります。

> **Point**
>
> リーダーシップは、リーダーの資質ではなく、むしろその行動特性に求めるべきである。

Section 2　PM理論とは？
理想的なリーダーは「目標達成」と「集団維持」の両方を満たす

　リーダーシップの行動特性を明らかにしたのが **PM理論** です。

　そもそも、PM理論の研究の端緒となった問題意識は、集団においてメンバーがどのような心理的法則に基づいて行動するのかという **グループダイナミクス（集団力学）** の観点から、リーダーシップをとらえてみようというものでした。

　そこで、集団においてリーダーシップが果たす役割について考えてみると、「それがうまく機能することで集団が発展できるという結果が想定されるもの」といえます。ならば、集団が発展するために求められる機能とは、何でしょうか？

集団が発展するための2つの機能

　集団が発展するための1つの機能は、集団が掲げる目的の達成およびそれに関連する課題を解決していくことです。これを、Performanceの頭文字をとって **P（目標達成）機能** と呼びます。

　そもそも集団とは、何らかの目標を達成するために人が集まって形成されたものです。それゆえに、集団には、目標達成に向けて一歩でも前に事を進めていくP機能が備わっています。

　実際に集団の活動の中でP機能が見受けられる場面は、企業や官公庁で日々行なわれる会議やミーティングのプロセス、さらにはプロジェクトを進めていくチームの共同作業のプロセスなどでしょう。

もう1つの機能は、集団を維持していくことです。これは、Maintenanceの頭文字をとって**M（集団維持）機能**と呼ばれます。

目標というのは、一朝一夕に達成できるものではありません。目標達成に至るまでにさまざまな障害が存在します。

典型的なものに「人の問題」があるでしょう。見解の相違から対立が生じ、その対立がやがては感情的なもつれになり、集団がバラバラになりかねない状態を引き起こすことがあります。

そのような事態になったとき、黙って見ているわけではなく、説得によって感情のもつれを解きほぐしたり、人事異動などで対立を引き起こしている人たちを物理的に引き離したりするでしょう。

このように集団は、目標達成に至るまでその存在を維持しようとするM機能が備わっているのです。

P行動とM行動の両方を満たす

集団が機能するにはP機能とM機能が必要ですが、まさにその主体となるのがリーダーです。

そして、必要となるリーダーの行動が**P行動**と**M行動**ということになります。

これら両方の行動特性を満たすことが、リーダーシップを発揮するということを意味するのです。

P行動は、P機能を充足するための行動であり、集団の目標達成を促進し、強化するリーダーシップ行動です。

具体的には、目標達成に向けて計画を立てる、そして立案した計画を遂行するために指示を出したり、規則の順守を徹底したり、期限を設定したりすることをいいます。

一方、M行動は、M機能を充足するための行動であり、集団を維持す

P行動とM行動

P（目標達成）行動
- 目標達成に向けて計画を立てる
- 立案した計画を遂行するために指示を出したり、規則の順守を徹底したり、期限を設定したりする

＋

M（集団維持）行動
- メンバー間の葛藤や緊張を緩和する
- 各メンバーに対しては個々の尊厳を重んじ、自主性を促し、メンバー間の相互依存関係を促進する

るリーダーシップ行動です。

具体的には、メンバー間の葛藤や緊張を緩和する、各メンバーに対しては個々の尊厳を重んじ、自主性を促し、メンバー間の相互依存関係を促進することをいいます。

> **Point**
> リーダーシップを発揮するとは、P（目標達成）行動とM（集団維持）行動の両方の行動特性を満たすことである。

なお、P行動とM行動から成るリーダーシップの行動特性をより理解するために、それぞれを測定する質問項目の代表例を次ページに挙げておきます。

PM 行動測定項目

P 行動	M 行動
あなたの上役は規則に決められた事柄にあなたが従うことをやかましく言いますか？	あなたは、仕事のことであなたの上役と気軽に話し合うことができますか？
あなたの上役はあなた方の仕事に関してどの程度指示命令を与えますか？	全般的に見てあなたの上役はあなたを支持してくれますか？
あなたの上役は仕事量のことをやかましく言いますか？	あなたの上役は個人的な問題に気を配ってくれますか？
あなたの上役は所定の時間までに仕事を完了するように要求しますか？	あなたの上役はあなたを信頼していると思いますか？
あなたの上役はあなた方を最大限に働かせようとすることがありますか？	あなたの上役はあなたが優れた仕事をしたときには、それを認めてくれますか？
あなたの上役はあなたがまずい仕事をやったとき、あなた自身を責めるのではなく仕事ぶりのまずさを責めますか？	あなたの職場で問題が起こったとき、あなたの上役はあなたの意見を求めますか？
あなたの上役は仕事の進み具合について報告を求めますか？	あなたの上役は昇進や昇給など、あなたの将来について気を配ってくれますか？
あなたの上役は毎月の目標達成のために計画をどの程度綿密に立てていますか？	あなたの上役はあなた方を公平に取り扱ってくれますか？

出所：三隅二不二著『リーダーシップ行動の科学』（有斐閣）をもとに作成

PM理論による
4つのリーダーシップスタイル

P行動とM行動から成るリーダーシップの行動特性の組み合わせ（横軸がP行動、縦軸がM行動の座標軸）によって、以下のように**PM型**、**P型**、**M型**、**pm型**という4つの**リーダーシップスタイル**（類型）が導き出されます。

❶ PM型

PM型は、リーダーシップを発揮する理想的なリーダーシップスタイルです。フォロワーの職務満足度や生産性に好影響をもたらす最も望ましいタイプです。

仕事に関係することとしては、P行動として、的確な指示やアドバイス、さらにはフィードバックをきちんと実践します。そうすることによって、集団としての活動のレベルを高めて目標の達成に邁進することができます。

一方、フォロワーとの関係に対しては、M行動として、フォロワーの気持ちをおもんぱかったり、フォローをしたり、親身になって悩みを聞いたりします。フォロワーとの絆を強め、集団としての一体感を醸成することで、困難な課題も乗り越えていくことができます。

PM型のリーダーシップスタイルを実践するリーダーは、いわゆる仕事ができて、部下の気持ちもわかる理想的な上司といえるでしょう。

❷ P型

P型のリーダーシップスタイルは、P行動の特徴であるフォロワーへの指示や命令を含んでいることから、指示や命令の内容を問わず、多かれ少なかれ何らかのプレッシャーをかけることになります。

つまり、P行動だけに頼ると、フォロワーへの指示や命令に偏ることになります。

指示や命令が中心であると、短期的に見れば、一定の成果を上げる可能性があります。しかしながら、中長期的に見ると、フォロワーにとってはつねにプレッシャーをかけられている状況下にあり、結果として、モチベーションの低下を招いてしまいます。

❸M型

M型は、集団の活動水準を一定に保つためにフォロワーへの気遣いに重点を置いたリーダーシップスタイルといえます。

一見すると、リーダーとフォロワーとの間に良好な人間関係を築くように振る舞っていて良いように見えますが、集団が新たな方向へ踏み出すときとか、これまでとはまったく質の異なる課題に直面した場合などは、明確な方針を示さなければならず、人間関係の維持では十分にカバーできません。

PM理論におけるリーダーシップスタイル

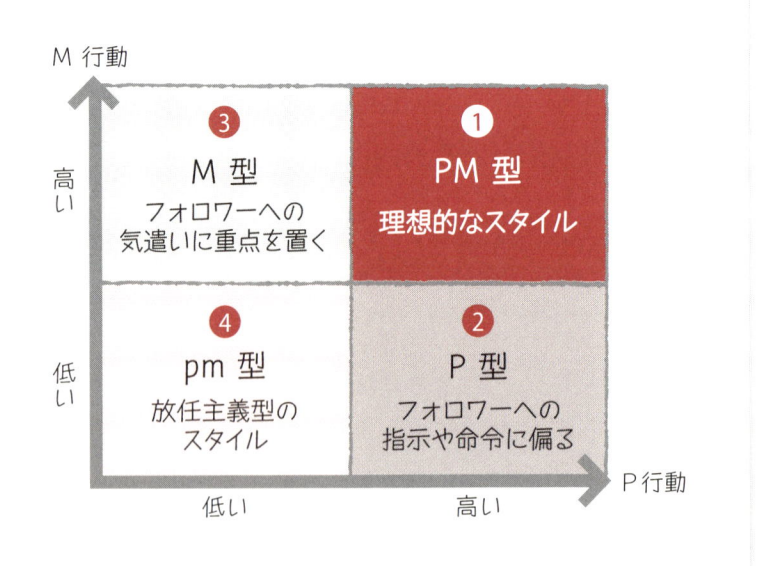

	M行動 高い		
	❸ M型 フォロワーへの気遣いに重点を置く	❶ PM型 理想的なスタイル	
	❹ pm型 放任主義型のスタイル	❷ P型 フォロワーへの指示や命令に偏る	
	低い	高い	P行動

それゆえに、M型のリーダーシップスタイルだけでは、限界があります。

❹ pm 型

pm 型は、目標を設定したり指示を出したりするＰ行動と集団を１つにまとめていくＭ行動のいずれの特性も低く、いうなれば放任主義型のリーダーシップスタイルです。

集団の目標設定やそれに向けての指示、そして集団内での人間関係の調整が十分でなければ、フォロワーのモチベーションも向上しないでしょうし、職務満足度や生産性が伸びる可能性も少ないでしょう。

PM 型以外のリーダーシップスタイルは、いずれも不十分であることがわかります。

すなわち、Ｐ行動とＭ行動の両特性を兼ね備えているリーダーが、リーダーシップを発揮できるのです。

ただし、両特性を兼ね備えているといっても、それがいい形で実践されないと意味がありません。

目標の達成に関してその方向性の提示が求められたときや、フォロワーの力では解決が困難な問題が生じたときは、Ｐ行動をとらなければなりません。対して、メンバー間に不和や対立が生じたときは、Ｍ行動をとって、積極的にコンフリクトを解消するように動き出さなければならないのです。

Point

Ｐ行動とＭ行動を高度に満たす PM 型のリーダーシップスタイルによって、最も集団のパフォーマンスが向上する。

Section 3　リーダーシップの行動アプローチ

「構造づくり」と「配慮」は、変革型リーダーシップにも通じる

　リーダーシップをリーダーの行動に求める研究は、**行動アプローチ**と呼ばれています。行動アプローチの一連の研究は、およそ1950年代から始まり、1970年代までに主な研究が出揃いました。

　行動アプローチは、リーダーシップ研究の歴史の中で中心的な位置にあり、その後のリーダーシップ研究にも大いに影響を与えています。

オハイオ州立大学の研究とは？

　ここでは、行動アプローチの代表的研究である**オハイオ州立大学の研究**を紹介します

　オハイオ州立大学の研究者は、リーダーがいかなる行動をとれば、リーダーシップを発揮できるかを測定するモデルを開発しました。

　この研究から明らかになったリーダーシップの行動特性が、**構造づくり**と**配慮**というものです。

　構造づくりとは、課題の達成に向けてフォロワーに働きかけるリーダーシップ行動であり、配慮とはフォロワーと良好な人間関係を構築するためのリーダーシップ行動です。

　これらの行動特性の関係（横軸が構造づくり、縦軸が配慮の座標軸）から、あることがわかりました。

　それは、「高配慮」に限り、「高構造づくり」を補うことができるというものでした。

オハイオ州立大学の研究（構造づくりと配慮）

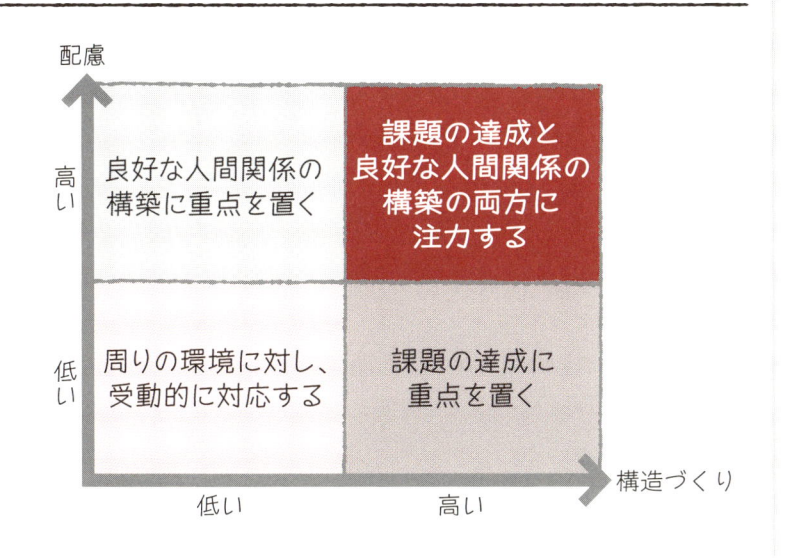

	構造づくり 低い	構造づくり 高い
配慮 高い	良好な人間関係の構築に重点を置く	課題の達成と良好な人間関係の構築の両方に注力する
配慮 低い	周りの環境に対し、受動的に対応する	課題の達成に重点を置く

　なお、心理学者の**スタッジル**は、オハイオ州立大学の研究の諸結果を検討したうえで、構造づくりと配慮の両行動において高いスコアを上げることが、有効なリーダーシップ（**Hi-Hi型リーダーシップスタイル**）であると結論づけました。

PM理論と共通する部分が多い

　オハイオ州立大学の研究の結果は、**PM理論**と共通するところがあります。
　構造づくりは、組織の目的を実現するための方針を打ち出し、具体的な指示を出し、評価するという**課題関連**の行動特性であり、P行動に該当するものです。
　一方、配慮は、フォロワーに対する気遣い、悩みの相談、ストレスの

緩和といった**人間関係関連**の行動特性であり、M行動に該当するものです。

構造づくりと配慮が高い行動特性をもつ人物がリーダーシップを発揮できるという結論は、PM理論でいうところのP行動、M行動の両方が高いPM型のリーダーシップを発揮することに通じます。

たとえば、日本のプロ野球チームの監督を例にとってみても、課題関連と人間関係関連という2つのリーダーシップの行動特性のバランスが求められるでしょう。

リーグ優勝するような強豪チームの監督は、コーチの抜擢、選手の育成、ゲームにおける選手起用、作戦の指示といった課題関連のリーダーシップ行動を発揮しています。その一方で、選手に対して叱咤激励をしたり、マスコミを利用してメッセージを伝えたりと、人間関係関連のリーダーシップ行動を発揮しています。

選手にハードなプレッシャーをかけてばかりの監督や、ただ単に選手の意向に任せっきりの監督は、思うような成績は上げられないでしょう。

オハイオ州立大学の研究とPM理論

課題関連	構造づくり ⇔	P行動
	＋	＋
人間関係関連	配慮 ⇔	M行動

このように、日本発のPM理論とアメリカ発のオハイオ州立大学の研究で導き出された結論に共通する部分が多いということは、課題関連と人間関係関連から成るリーダーシップの行動特性に相当普遍性があるとみなせるでしょう。
　言い換えると、仕事を進めるにあたって的確に指導できて、なおかつ部下の心をつかんで統率していくことができる上司が、リーダーシップを発揮することができるというわけです。

　課題関連と人間関係関連から成るリーダーシップの行動特性は、現状を打破する**変革型リーダーシップ**の議論においても受け継がれています。
　たとえば、コッター教授は、リーダーの行動として、**課題（アジェンダ）の設定**と**人脈（ネットワーク）づくり**の必要性を指摘しています。
　課題の設定は、組織の方向性を示すという意味で課題関連のリーダーシップ行動といえるでしょうし、人脈づくりは、人とのつながりをつけるという意味で人間関係関連のリーダーシップ行動といえるでしょう。

> **Point**
> リーダーシップの行動特性は、課題関連と人間関係関連のリーダーシップ行動で説明できる。

Resting Time

3時間目のまとめ

　3時間目で、すでにプログラムの半分を終えたことになる。

　リーダーシップをリーダーの行動特性から明らかにした、「目標達成機能」（Performance function）と「集団維持機能」（Maintenance function）から成るPM理論の講義は、シンプルな議論でありながらも、リーダーシップの本質を鮮やかに解明していて、相当なインパクトがあった。

　PM理論から導かれたPM型のリーダーシップスタイルについては、リーダーシップの実践を考えるにあたって大変有効な議論だった。
　たしかに、的確に指示を出し、しかるべきときに適切に配慮することによって、フォロワーは積極的に動くだろう。
　プレッシャーをかけるだけ、単なるいい人というだけでは、最終的にはフォロワーがついてこない。納得である。

　また、PM理論によって導かれた「課題関連」と「人間関係関連」という2つのリーダーシップの行動特性が、他の主要研究でも指摘している結果と共通していることから、普遍性が高いものであると理解することができた。

　さらに、課題関連と人間関係関連というリーダーシップの行動特性は、1時間目のコッター教授が結果を出しているリーダーの行動として述べていた「課題（アジェンダ）の設定」と「人脈（ネットワーク）づくり」に、それぞれ対応していることもわかった。

さあ、4時間目はベニス教授の講義だ。変革型リーダーシップに関しては、すでにコッター教授から説明を受けたが、その時代背景や育成方法という、より詳しい部分を聴けそうだ。

　いまの時代に求められるリーダーシップとは？　そして、どのような人材がリーダーとなるのか？　どうしても知りたいトピックなので、楽しみだ。

　あっ、ベニス教授が来た……。

3時間目のノート
＜PM理論＞

◎リーダーシップは、リーダーの資質ではなく、むしろその行動特性に求めるべきである。

◎リーダーシップを発揮するとは、P（目標達成）行動とM（集団維持）行動の両方の行動特性を満たすことである。

◎P行動とM行動を高度に満たすPM型のリーダーシップスタイルによって、最も集団のパフォーマンスが向上する。

◎リーダーシップの行動特性は、課題関連と人間関係関連のリーダーシップ行動で説明できる。

4時間目

ベニス教授に学ぶ
「変革の時代に求められるリーダーシップ」

4時間目を担当するベニスです。よろしくお願いします。
「組織を変えるリーダーシップ」については、これまでの講義の中で、すでにふれています。ここではより詳細に、時代背景やリーダーの世代間の比較から、「変革の時代に求められるリーダーシップ」を考えていきましょう。
また実際に、優れたリーダーに求められているものは何か、リーダーシップを開発するという側面からも検討したいと思います。

Warren Bennis
ウォレン・ベニス

マサチューセッツ工科大学で経済学および社会科学の博士号を取得後、ハーバード大学、ボストン大学などを経て、南カリフォルニア大学リーダーシップ研究所教授、初代所長を務める。米国政府や国際的大企業のアドバイザーを務めるなど、現在のリーダーシップ研究の第一人者。

ベニス教授に学ぶ

Section 1　リーダーシップを取り巻く環境の変化

生産性や効率性だけではなく、変革が求められている

　古今東西、優れたリーダーは多く存在します。その人たちの本質的な資質は、時代や文化を超えたものが存在します。

　ところが、実際に行動に表われるレベルになると、さまざまな環境要因に適応しなければならないのも事実です。

　そういった観点から、ここでは、現代のリーダーシップを取り巻く環境の変化について考えていきます。

現在の理論の中心は
変革型リーダーシップ

　初期のリーダーシップ研究では、リーダーがフォロワーに対して、いまある状況で、仕事を効率よくこなして生産性を上げるために働きかけることに主眼が置かれていました。

　しかしながら、1970年代後半から経済状況が大きく変化してきました。たとえば、米国企業は、日本企業の台頭によって経営が脅かされる事態に至り、組織の抜本的な見直しが余儀なくされました。

　ちょうどこの時代に、米国自動車メーカーの「ビックスリー」の1つである**クライスラー**の**リー・アイアコッカ**など、業績不振の企業を甦らせた経営者の手腕を、**カリスマ的リーダーシップ**と称するようになりました。

　まさにこの時代は、リーダーシップ研究の1つのターニングポイントとなったといえるでしょう。

つまり、日常業務における生産性や効率性を追求するリーダーシップから、組織変革を実現し、フォロワーの意識改革を促す**変革型リーダーシップ**に議論の焦点がシフトしていったのです。

変革型リーダーシップは、現在のリーダーシップ理論の中心にあるといえます。なぜなら、経済環境の変化は、その後ますます激しさを増しているからです。

とりわけ情報技術の発展、とりわけデジタル革命は、企業が提供する製品やサービス自体に変化をもたらしただけではなく、研究開発から製造・販売に至るまでのプロセスに多大な影響を及ぼしました。

また、供給者だけではなく、消費者に対しても、情報取得の方法やコミュニケーションのあり方、購買の方法に変化をもたらしました。

その結果として、とりわけ企業経営においては、これまで以上に環境の変化への対応、さらには逆に環境にインパクトを与えることが求められるようになりました。

こうしてリーダーシップには、組織の存在意義であるミッションや経営理念を基軸にしつつ、それを体現するためのビジョンや戦略、そして組織構造といったものを環境の変化に適応させることが求められるようになったというわけです。

守るべきことと変えるべきことを見極め、行動に移していくというむずかしい舵取りが、リーダーシップに要求されるようになったのです。

Point

組織の存在意義であるミッションや経営理念を基軸にしつつ、それを体現するためのビジョンや戦略、そして組織構造といったものを環境の変化に適応させなければならない。

ベニス教授に学ぶ

優れたリーダーが実践している
4つの戦略

さまざまな環境の変化に直面している中で、リーダーシップを発揮することは、これまで以上にむずかしいチャレンジですが、現実にうまくリーダーシップを発揮している人物がいるのも事実です。

それでは、現在において「優れたリーダー」と呼ばれる人は、具体的にどのような行動をとっているのでしょうか？

調べてみると、以下の4つの特性（戦略）を見出すことができました。次から、詳しく見ていきます。

優れたリーダーの4つの戦略

❶ 人を引きつけるビジョンを描く

❷ あらゆる方法で「意味」を伝える

❸ 「ポジショニング」で信頼を勝ち取る

❹ 自己を創造的に活かす

Section 2　優れたリーダーの戦略①

人を引きつけるビジョンを描く

　ミッションや経営理念といった組織の根本を形成するような目的は不変であるべきですが、それを実現するための方法は柔軟であるべきです。このようなミッションや経営理念を実現するものとして、重要になってくるのが**ビジョン**です。

時には思い切った斬新なビジョンも必要だが……

　しかし、一度ビジョンを打ち出したとしても、組織が前進を続ける以上、ビジョンも進化させていかなければなりません。
　進化といっても、既定路線をさらに進めていくこともあれば、環境の変化に伴って思い切った斬新なものにしていくことも時には必要となってきます。
　ただ、いくら斬新なビジョンといっても、ミッションや経営理念と根本的に異なるものならば、組織に無用の混乱をもたらすだけです。あくまで基軸からブレることなく、新たな観点に基づきビジョンを再解釈します。

　たとえば、日本企業の例でいうと、**松下電器産業（現・パナソニック）**が業績不振からV字回復を成し遂げた「**中村改革**」においても、その内容は事業部制の解体を柱とするそれまでの常識を覆すものでしたが、基本理念は変えることはありませんでした。

言い換えると、中村改革は、松下電器産業のDNAは保ちながらも、それを体現する方法を見直して、組織構造や経営戦略を大胆に改革するというものでした。

ビジョン構築に向けて
時間軸で考える

では、ビジョンはどのように構築すればいいのでしょうか？　その手がかりとなるのは、「過去」「現在」「未来」という**時間軸**です。

①**過去**

まず、過去の情報に着目しましょう。たとえば、自分たちの組織におけるこれまでの歩み、組織の強みや弱み、経験から導かれた教訓があります。

また、自分たちの組織だけではなく、ライバル組織や類似した経験をもった組織の歴史を振り返ることも意義があります。組織に限らず、歴史上の人物や出来事からも、ビジョンの構築に有益な情報が得られるでしょう。

②**現在**

次に、現在からは、身の回りで起こっている出来事に注目することによって、現状の課題が浮かび上がってくるでしょう。その結果、将来的に解決すべき問題が明らかになり、未来へ向けての一歩を踏み出すことができます。何が必要となり、何が制約となり、何が好機となるのかといった情報を集めることができるのです。

当然のことながら、組織を取り巻く環境だけでなく、組織内部の変化にも目を配ることが必要です。

時間軸で考える

過去
- これまでの組織の歩み
- 組織の強みや弱み
- 経験から導かれた教訓
- ライバル組織などの歴史
- 歴史上の人物や出来事

現在
- 身の回りで起こっている出来事
- 現状の課題
- 組織周辺・内部の環境変化

未来
- 政府が検討している政策
- 経済予測・人口動態予測
- 業界展望
- 技術の発展・社会の展望

→ ビジョン

③未来

　最後に、未来に関しては、完全に予測することは不可能ですが、未来を予測するうえで有益な情報は存在します。

　たとえば、政府によって現在検討されている政策は、将来に影響を及ぼすでしょう。また、政府系・民間系を問わず、調査機関による経済予測や人口動態予測、さらには業界展望といった諸情報は、組織の未来を考えるにあたって重要な情報源となります。さらには、技術の発展や社会の展望といった学術的な情報も、未来をとらえるうえで重要です。

　ビジョンの構築にあたっては、相当な知的エネルギーを必要とします。その際にリーダーに求められる能力をまとめると、次ページのようになります。

ビジョンの構築にあたってリーダーに求められる能力

先見力	ビジョンが組織の環境変化に対応できるかどうかを見極める
洞察力	ビジョンがミッションや経営理念、さらには組織文化などにマイナスの影響を与えないかどうかを判断する
世界観	未来に起こりうるさまざまな環境変化・動向を検討する
立体認知	ビジョンは全体像から細部まで詳細に考察する
周辺視野	組織の周辺環境、ライバル組織や利害関係者の動向を把握する
ビジョン修正	一度打ち出したビジョンがそぐわないならば、柔軟に見直す

Point

ビジョン構築の手がかりとなるのは、「過去」「現在」「未来」という時間軸である。

Section 3　優れたリーダーの戦略②

あらゆる方法で「意味」を伝える

　優れたリーダーがリーダーシップを発揮するために用いる戦略として、**コミュニケーション**があります。

　いくら魅力的なビジョンを構想したとしても、それが組織内に浸透しなければ「絵に描いた餅」にすぎません。そのためには、当然のことながら、粘り強いコミュニケーションが必要となります。

　具体的には、リーダーが発信するメッセージに対して、フォロワーがその内容をきちんと把握し、さらにはその背後にある価値観も共有しているということです。

インパクトのある言葉を用いて率先垂範する

　コミュニケーションといっても、ただ単に想いを熱く伝えるだけでは不十分です。

　なぜ、新たなビジョンが必要なのか、そのビジョンによってもたらされるものは何か、その結果としてどのような未来が待っているのかについて説得することが必要となってきます。

　フォロワーにメッセージを伝えるにあたって有効なのは、新たなビジョンを象徴するようなインパクトのある言葉を用いるということです。

　たとえば、アメリカにおいて人種差別の撤廃を訴えた**キング牧師**の伝説のスピーチでは、「**私には、夢があります（I have a dream.）**」という

フレーズが何度も登場します。この印象的なフレーズが何度も登場することによって、聞き手は強く印象に残り、ひいてはメッセージの発信者の想いが深く浸透していくのです。

また、日本人のリーダーにおいても、インパクトのある言葉を巧みに使ってフォロワーの意識の変化をうまく促している事例は多く見受けられます。

たとえば、日本を代表する建設機械メーカーである**コマツ**が2000年代初頭に苦境にあえいでいたときに、見事に業績回復を主導した**坂根正弘**社長（現・会長）は、他社が絶対に真似できない製品とサービスを提供する「**ダントツ経営**」というキャッチフレーズを用いて変革を実現しました。

「ダントツ経営」という言葉の背後には、コマツが伝統的に重んじる「他社を品質で圧倒する」という価値観がありました。そこには、多角化していた事業を原点回帰させて本来の強みを活かすという強い意志もあります。

インパクトのある言葉を用いて率先垂範する

- キング牧師 ── 私には、夢があります
- コマツ・坂根社長（当時） ── ダントツ経営
- ローソン・新浪社長 ── 率先垂範

メッセージを伝えることに加えて重要なのが、実際に行動することです。

　実際に行動するうえで大事なのは、まず人を動かすのではなく自分が動いてみせること、言い換えると**率先垂範**するということです。

　現在の日本企業の経営者で、大手コンビニの**ローソン**の経営再建を実現した**新浪剛史**社長は、まずは自らが動くことの重要性を述べています。

　たとえば、会議のときは、自らが率先して大きな声で挨拶することを日課としていたり、現場に頻繁に出向いて積極的にコミュニケーションを図ったりして、率先垂範の精神を反映させた行動をとっています。

> **Point**
> インパクトのある言葉、メッセージを伝えることに加えて重要なのが、実際に行動することである。

Section 4　優れたリーダーの戦略③

「ポジショニング」で信頼を勝ち取る

　ポジショニングのポイントですが、自らの立場、立ち位置を明確にして、そこからブレない姿勢を一貫していくことにあります。

　言うことがコロコロ変わったり、ちょっとしたことで考えが変わったりするようなリーダーには、誰もついていきません。また、逆に特定の考え方にいつまでも執着して、結果として組織を停滞させてしまうリーダーも困ったものです。

ビジョンは目指すべき先、
立ち位置を決めるのがポジショニング

　そう考えると、ポジショニングは、ビジョンと同様に核となる基軸があって、それを実現するためのものであるといえます。

　つまり、ビジョンが目指すべき先であるとするならば、ポジショニングはそのための立ち位置を決めるということになるでしょう。

　たとえば、民間企業で初めて個別宅配事業を成功させた宅急便の生みの親・**ヤマト運輸**の**小倉昌男**は、長距離トラック輸送でライバル他社に遅れをとり、苦境に立たされていた大和運輸（現・ヤマト運輸）の経営を立て直すため、1970年代当時は郵便小包が独占していた個別宅配事業を周囲の反対を押し切って立ち上げました。

　個別宅配を事業の中心に据えるというビジョンを実現するために、当時の取引先との契約も打ち切り、退路を断って個別宅配事業を推し進め

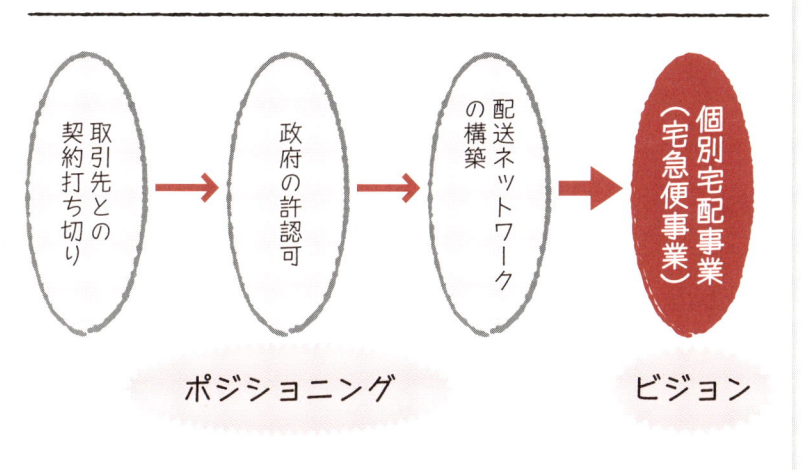

ビジョンとポジショニング（ヤマト運輸の場合）

取引先との契約打ち切り → 政府の許認可 → 配送ネットワークの構築 → 個別宅配事業（宅急便事業）

ポジショニング　　　　　　　　　　　　　　　ビジョン

ました。

　個別宅配事業にあたっては、政府の許認可や配送ネットワーク網の構築といったさまざまな困難がありましたが、小倉は自らのポジショニングを決して変えることなく、信念を決して曲げることなく貫き通しました。

　その姿勢が、やがて社員を動かし、政府を動かし、顧客を動かして今日の宅急便事業に至ったのです。まさに、個別宅配事業を実現するために、すべてを懸けて、実現するまで決してあきらめず、ビジョンに向かって突き進む姿勢によって、宅急便事業が生まれたのです。

フォロワーがついてくる条件は？

　ただし、いくら崇高（すうこう）なビジョンがあって、それを実現するためのポジションが明確であっても、リーダー1人の力だけでは、どうしようもありません。フォロワーが、ついてこないと意味がないのです。

では、フォロワーがついてくるための最も重要な条件は何でしょうか？　それは、**信頼**です。

「ついていきたい」「ついていく価値がある」「ついていく意味がある」など、フォロワーがリーダーに対してこのように想いを抱く根底には、「この人ならば、信頼できる」という気持ちがあります。

つまり、リーダーシップは、リーダーとフォロワーが信頼の絆で結びついていないと、その第一歩が踏み出せないのです。

> **Point**
>
> リーダーシップは、リーダーとフォロワーが信頼の絆で結びついていないと、その第一歩が踏み出せない。

Section 5 優れたリーダーの戦略④
自己を創造的に活かす

　自己を創造的に活かすためには、リーダーが自らに対して、どのような心構えでリーダーシップに臨むのかを考えなければなりません。
　これを考えるにあたっての2つの指標があります。1つは**肯定的自己観**と呼ばれるもの、もう1つは**ワレンダ要因**と呼ばれるものです。

肯定的自己観とワレンダ要因

　まず、肯定的自己観です。この要素は3つあります。
　第1の要素は、自分の強みと弱みを認識して、強みはさらに伸ばし、弱みを補う努力をするということです。
　第2の要素は、自分の強みを伸ばすスキルを身につけるということです。
　第3の要素は、自覚している能力と職務に求められている能力が一致しているかどうかを見極めるということです。
　この3つの要素が揃っていれば、肯定的自己観が強いということになります。

　次に、ワレンダ要因です。
　ワレンダ要因の元となった「ワレンダ」は綱渡り芸人で、1978年に綱から落ちて墜落死しました。ワレンダの妻によると、数々の綱渡りに成功していたときのワレンダは、綱を渡りきることしか考えていません

でした。

ところが、結果として墜落死してしまったときのワレンダは、なぜか綱を渡ることではなく、落ちないことに意識を向けていたのです。

ここからワレンダ要因とは、全身全霊で仕事に打ち込んでいると成功するし、チャレンジに対して失敗のイメージを先行させると失敗するということを意味します。

以上の肯定的自己観とワレンダ要因を縦軸と横軸にとり、自己を創造的に活かすことがうまくいくかどうかを考えてみます。

肯定的自己観とは自らの能力を構築すること、すなわち自信を表わします。一方、ワレンダ要因とは結果に対するイメージ、すなわち外的な環境の見通しを意味します。

この２つの組み合わせ（座標軸）は、以下のように表わすことができ

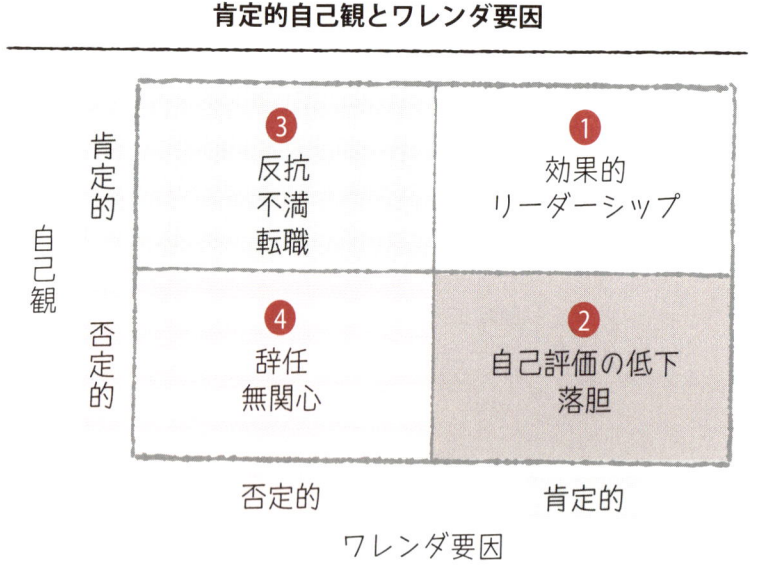

肯定的自己観とワレンダ要因

	ワレンダ要因 否定的	ワレンダ要因 肯定的
自己観 肯定的	❸ 反抗 不満 転職	❶ 効果的リーダーシップ
自己観 否定的	❹ 辞任 無関心	❷ 自己評価の低下 落胆

出所：ウォレン・ベニス、バート・ナナス著『本物のリーダーとは何か』（海と月社）をもとに作成

ます。

　つまり、自己観が肯定的すなわち自信があり、ワレンダ要因が肯定的すなわち楽観的な見方をもっている人物が、自己を創造的に活かして効果的なリーダーシップを発揮できるということになります。

①自己観もワレンダ要因も肯定的

　この場合が、最も効果的なリーダーシップを発揮できます。いかなる仕事においても、こなしていける確固たる自信をもっているということ。そして、仕事を実行した暁にはしかるべき評価も得られるという楽観的な見通しをもっているということです。

　効果的なリーダーシップを発揮するためには、自分自身に対しても、仕事の内容に対しても、前向きな姿勢をもっていることが何より求められます。

②自己観が否定的でワレンダ要因が肯定的

　仕事の内容自体は決して達成不可能なものではないが、うまくできる自信がないというパターンです。この場合、仕事に対して自信喪失になっている状態から、仕事に対するモチベーションが上がらないという状態に陥っているといえます。

③自己観が肯定的でワレンダ要因が否定的

　この場合であれば、仕事をこなす自信はあるが、その成果をきちんと評価してもらえないと不安に思っていることになります。そこから、組織に対して反抗的になったり、不満をもったり、よりエスカレートすると組織を離れるということもあり得ます。

④自己観もワレンダ要因も否定的

　この場合は、仕事をこなす自信もないし、仕事の内容自体にもネガティブなイメージしかもっていないという状態です。これは、俗にいう

「にっちもさっちもどうにもならない」、ある意味で当事者にとっては絶望的な状態であるといえます。

結果としては、仕事に対して無気力になり、最終的にはやめてしまうということになります。

以上のように、自己観とワレンダ要因のいずれか、あるいは両方ともマイナスの状態ではうまくリーダーシップが発揮できません。

> **Point**
>
> 自己観もワレンダ要因も肯定的な人物が、自己を創造的に活かして効果的なリーダーシップを発揮できる。

Section 6　旧世代リーダーと新世代リーダーの比較

時代に左右されない普遍的なものが存在する

　実際に優れたリーダーを育成するにあたっては何が必要なのでしょうか？　いかなるリーダーにおいても必要不可欠な要素について考える前に、知っておきたいことがあります。

リーダーの世代間による意識の相違点・共通点

　リーダーシップのあり方は、時代の変遷によって大いに影響を受けてきました。そこからいえるのは、「リーダーシップをとるリーダー自身も、時代の影響を受けるのではないか？」ということです。
　そこで、リーダーに関して世代間でどのような相違点があり、どこに共通点があるのかを明らかにするために、アメリカにおけるさまざまなジャンルで活躍する（活躍した）リーダーに対して、ある特定の2つの世代に絞って比較調査を行ないました。
　具体的には、リーダーを1945年から1951年の間に成人した旧世代（25名）と、1991年から2000年の間に成人した新世代（18名）に分けて、それぞれインタビューを実施しました。

❶旧世代リーダー

　旧世代リーダーに大きな影響を及ぼしている出来事として、世界大恐慌と第2次世界大戦があります。これらの出来事によって生命の危機や生活の混乱がもたらされたことによって、安定と安心を求める意識が強

旧世代リーダーの特徴

時代の影響	必要とするもの・求めるもの	リーダーとしての個人的特性
世界大恐慌 ● 心配しながら育った ● 親はしばしば誤りを犯す **第2次世界大戦** ● 家族や地域社会から引き離される ● アメリカの多様性と欺瞞（ぎまん）に気づく ● 道徳と個人的な喪失経験 ● 兵役 ● 自由主義諸国がバランスを司る	● 安定と安全 ● 居場所の確保と支配（他の誰のものでもなく自分のもの） ● 一生懸命働けば報われる	● 生計を立てる ● リーダーシップのスタイルは「命令と統制」（コマンド＆コントロール） ● 居場所や運命を自分が支配する方法としての起業

成長のプロセス
● 組織に学ぶ ● 上意下達（時に父親のような温情主義を通じて） ● 愛国心、祖国愛、アメリカの価値観を守る

出所：ウォレン・ベニス、ロバート・トーマス著『こうしてリーダーはつくられる』（ダイヤモンド社）をもとに作成

く芽生えたといえます。

　戦争に従軍した体験は、組織に対する考え方やリーダーシップのスタイルに影響を及ぼしています。

　具体的には、規律と秩序を重んじる軍隊組織の運営法による影響が、トップダウン型のリーダーシップのスタイルとして顕著に表われています。

　また、戦争体験からは、組織で経験を積むことの大事さや国家に対して忠誠を誓う価値観が涵養（かんよう）され、その後の経験に活かされているということが明らかになりました。

新世代リーダーの特徴

時代の影響	必要とするもの・求めるもの	リーダーとしての個人的特性
豊かさ ● チャンス ● 探求 ● 可能性 **技術革新、グローバル化、経済成長** ● 不確実性 ● 家族形態の多様化 ● 家庭崩壊 ● 両親は大卒 ● 大学進学は当然 ● うんざりするほど多い選択肢 ● 旅行、学習の機会 ● セーフティネットとしての遺産 ● 超大国アメリカ	● アイデンティティ ● 意味と意義 ● 経験の開発 ● 経歴をつくる ● 違いをつくる ● バランス	● 歴史をつくる ● 参加型、協働型リーダーシップ ● 自己表現の場としての起業 ● 脱・組織人間：なぜ忠誠など必要なのか

成長のプロセス
● もっと実験する ● 幼い頃から幅広いアイディアやテーマにふれる ● 親たちが理解しがたい物事の専門化 ● 旅慣れている

出所：ウォレン・ベニス、ロバート・トーマス著『こうしてリーダーはつくられる』（ダイヤモンド社）をもとに作成

❷新世代リーダー

　新世代リーダーの時代は、旧世代のように生命の危機が脅かされるような出来事に苛（さいな）まれることはありません。むしろ、技術革新、グローバル化、経済成長による物質的な豊かさに恵まれた世代であるといえます。

　ただし、物質的に豊かであったとしても、豊かさゆえにどのような選択をすればいいのか、何を求めるのかといった目標が定まらず、その裏返しとしてアイデンティティや生きる意味を追求する姿勢が表われています。

　また、組織のあり方についても、従来の秩序と統制に基づくのではな

く、より柔軟です。フォロワーとの協働、参加を重んじるリーダーシップのスタイルを重視しているということが明らかになりました。

このような旧世代と新世代のリーダーの比較を通じて見えてきた相違点・共通点についてまとめると、以下のようになります。

相違点
- 新世代は、旧世代が若いときに抱いていた目標よりも、野心的で大きな目標をもっている。新世代が世界を変えるといったレベルの目標をもっているのに対して、旧世代は生計を立てるということに目標をもっていた。
- 新世代のほうが、ワーク・ファミリー・バランスをより意識している。
- 新世代は、旧世代に比べて、リーダーに対して英雄的なイメージをもち合わせていない。

共通点
- 活躍した時代にかかわらず、すべての世代のリーダーには、自らが経験したさまざまな事柄から謙虚に学び、それと同時に、いかにすればより上のレベルに成長できるのかということを求める**高い学習意欲**が見られた。
- 学習意欲の高さに加えて、あらゆる世代のリーダーは、これまでの行動や考え方を一変させる決定的な出来事、すなわち**厳しい試練**を体験していた。

日本のリーダーにも当てはまる？

以上の調査は、アメリカのリーダーを対象にしたものですが、高い学習意欲と厳しい試練という2つの点は、日本のリーダーにも当てはまる

のではないでしょうか？

　たとえば、日本を代表するエレクトロニクス企業である**シャープ**の創業者・**早川徳次**は、関東大震災による被災で、家族や工場といったこれまで築いたものをほとんど失ったにもかかわらず、大阪で再起を果たしました。ゼロから、当時の最新技術を用いた鉱石ラジオの製品化に邁進し、やがて国産第1号の鉱石ラジオの製品化に成功しました。

　また、同じく日本を代表するエレクトロニクス企業である**ソニー**の創業者・**井深大**と**盛田昭夫**も、第2次世界大戦の従軍および敗戦という試練の中から立ち上がり、トランジスタラジオの製品化をはじめ、斬新なエレクトロニクス製品を次々と生み出しました。

　いずれの起業家も、厳しい試練を体験しつつも、そこから這い上がって新たなものを生み出すという高い学習意欲を兼ね備えています。

> **Point**
> 優れたリーダーに世代を超えて共通する点は、高い学習意欲と、厳しい試練に耐えた経験である。

ベニス教授に学ぶ

Section 7　リーダーシップの開発

時代を超えて必要な「4つの能力」を身につける

　リーダーシップにまつわる世代間調査の結果からは、高い学習意欲をもち、厳しい試練を体験しているという、世代を貫くリーダーの特性が導き出されました。これらの特性から発展して、以下に挙げる4つの能力がリーダーシップの開発に求められます。

リーダーシップに必要な 4つの能力

❶適応力と強靱な精神

　時代を超えて優れたリーダーに求められる第1の能力は、適応力と強靱な精神です。

　厳しい試練に耐え、そこから自らの成長につながる教訓を学ぶという高い学習意欲を支えるものは、目的を達成したいという**意志力**です。意志力とは、ちょっとやそっとでは折れない気持ち、すなわち強靱な精神です。何事も途中で投げ出さずにやり遂げる内面の強さを指します。

　この点に関して、「意志の強さ」がよく勘違いされます。一度決めたことは何が何でもやり遂げるという覚悟は大いに立派ですが、特定のアプローチに固執して行き詰まるのは、目的と手段を取り違えてしまうことによる失敗例です。目的を達成することが第一であって、その達成の手段が目的の達成にそぐわないならば、手段を変える**柔軟性**も必要です。

　柔軟性があるということは、直面している環境にうまく適応できているということです。目的の達成の方法に適応力があることを意味します。

リーダーシップに必要な4つの能力

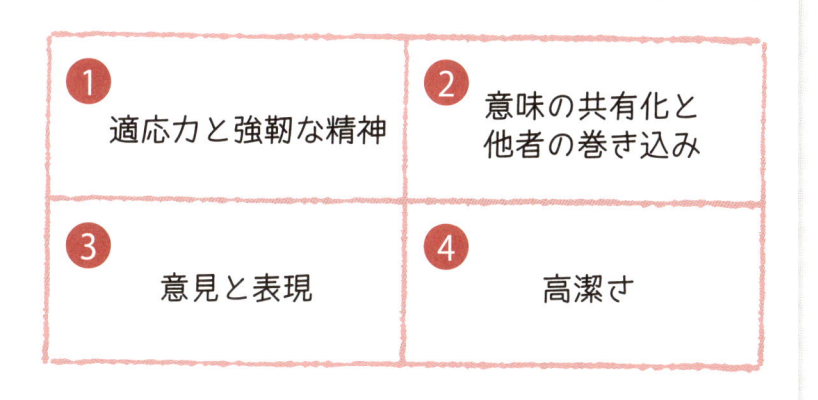

❶ 適応力と強靭な精神	❷ 意味の共有化と他者の巻き込み
❸ 意見と表現	❹ 高潔さ

　それ以前に、過酷な環境下でも、そこから教訓として得られるものはないかと、物事をプラスに考えることも適応力といえるでしょう。

　具体的には、直面している状況や周囲の環境を見極めて、問題の核心をとらえ、自分なりの学び方を確立し、独自の解決法を見出す努力を行なうことに尽きると思います。

❷意味の共有化と他者の巻き込み

　優れたリーダーが実践している戦略として、「あらゆる方法で『意味』を伝える」ということを述べましたが、意味の共有化と他者の巻き込みは、まさに戦略に直結するものです。

　リーダーシップは、決してリーダー1人だけの問題ではありません。そこには、リーダーが掲げる目的に対するフォロワーの**共鳴**と**協力**が不可欠です。そのためには、フォロワーの声に耳を傾け、理解を示して、有益なものはどんどん取り込んでいくことが重要です。

　たとえば、対立する意見だったときには、うまく説得するということも大事ですが、意見をすり合わせてともに第三の解決法を模索するという姿勢も重要です。

❸意見と表現

　組織として目指すべき目的が確定したならば、今度はそれに向けて情報を発信していかなければなりません。リーダーは組織を代表して、組織内はもちろんのこと、対外的にも情報を発信します。

　情報発信で必要なことは、情報の中身と発信方法です。情報の中身に関しては、伝えるべきメッセージが明確であることです。また、発信方法に関しては、メッセージに対するフィードバックが得られることです。

　フィードバックにはきちんと耳を傾けることです。そのフィードバックが厳しいものだったとしても、意外なヒントが隠されているもので、それが組織を一歩先に進める可能性を秘めているかもしれないからです。

❹高潔さ

　リーダーシップに求められる最後の能力である高潔さは、**野心**、**コンピタンス**、**倫理性**という3つの要素から成ります。優れたリーダーは、これら3つの要素をバランスよく兼ね備える必要があります。

　まず、野心についてですが、この言葉だけとらえると、高潔さとはかけ離れたイメージです。野心のある人物といえば、本心をひた隠して主君に従い、やがて機を見て主君を裏切ってその座を奪おうと目論んでいるようなネガティブな印象があります。

　しかしながら、世の中のためになることを志すには、それなりの困難が伴うものです。それを乗り越えて大志を成就したいという気持ちも、野心に裏づけられています。

　次に、コンピタンスについては、事を成し遂げられるほどの能力ということです。能力については、先天的なものの存在を否定することはできませんが、むしろ経験から学び取るという部分のほうが多いでしょう。

　具体的に、高潔さにつながるコンピタンスとしては、目的の達成に向けて自らを捧げる**奉仕的**な態度、目的の達成のためなら率先して行動する率先垂範の姿勢、フォロワーを同志とみなす協力的な姿勢が挙げられます。

最後に、倫理性については、正しいこと、善いことを実践している人物に対して、人々はそれを認知します。

　たとえば、**マザー・テレサ**は、インドの貧民を救済することに一身を捧げました。弱者を救うという倫理性に加えて、1人でも多くの人を救いたいという志があり、そのために多くの支援者を巻き込みながら己を捧げるという野心とコンピタンスが伴っています。

　この3つの要素が備わることによって、高潔さが生まれているのです。

高潔さとは？

1人でも多くの人を救いたい（志）

- 野心
- コンピタンス（自らを捧げる）
- 倫理性（弱者を救う）

> **Point**
>
> リーダーシップの開発にあたって、「適応力と強靭な精神」「意味の共有化と他者の巻き込み」「意見と表現」「高潔さ」という4つの能力が求められる。

Resting Time

4時間目のまとめ

　ベニス教授からは、優れたリーダーとはいかなる人物なのか、そしてそういった人物になるにはどうすればいいのかについて、実際に活躍するリーダーの生の声（事実）に基づいて説明を受けた。

　現在のリーダーに求められるのは、ミッションや理念に裏づけられ、時代のニーズに合った魅力的なビジョンを打ち出し、フォロワーをその中にうまく関わらせていくことであり、それがいかに重要かということを、ベニス教授は主張していた。
　これは、1時間目でコッター教授が述べていた変革型リーダーシップはもちろんのこと、2時間目でマックス・ウェーバー教授が述べていたカリスマ的リーダーシップにも通じるものがある。

　講義を通じて、変革型リーダーシップの歴史的背景や、より深いレベルでビジョンの何たるかもわかってきて、リーダーになるという実感がいよいよわいてきた。組織にとっては、つねに次世代リーダーを育成しなければならない。まさに、いまの自分が置かれている立場である。気が引き締まる思いだ。

　次世代リーダーの育成については、いかに経験から多くを学ぶのかということに尽きるだろう。同じ経験をしても、振り返りもせずに、反省もせずに、素通りしていては、何も成長できない。
　当然、経験から学ぶには、少しでも多くのことを吸収しようという高い学習意欲が必要になる。いまの自分はこのプログラムを受講して、高い学習意欲をもって多くを学ぼうとしているが、実際に会社に戻ってからも継

続して学んでいかなければならない。「継続は力なり」だ。

　ところで、5時間目は、グリーンリーフ教授のサーバント（奉仕型）・リーダーシップの講義だ。これまでの講義とは、少しばかり視点が違っているらしい。リーダーとして本質的に求められる心構えについての話のようだ。

　何か新たな発見がありそうな予感がする。そろそろ、講義が始まる時間だ……。

4時間目のノート　<変革型リーダーシップ>

◎組織の存在意義であるミッションや経営理念を基軸にしつつ、それを体現するためのビジョンや戦略、そして組織構造といったものを環境の変化に適応させなければならない。

◎優れたリーダーは、「人を引きつけるビジョンを描く」「あらゆる方法で『意味』を伝える」「『ポジショニング』で信頼を勝ち取る」「自己を創造的に活かす」という4つの特性をもつ。

◎優れたリーダーに世代を超えて共通する点は、高い学習意欲と、厳しい試練に耐えた経験である。

◎リーダーシップの開発にあたって、「適応力と強靭な精神」「意味の共有化と他者の巻き込み」「意見と表現」「高潔さ」という4つの能力が求められる。

5時間目

グリーンリーフ教授に学ぶ
「サーバント・リーダーシップ」

こんにちは、グリーンリーフです。この講義では、リーダーシップを発揮する際の心構えとして、「サーバント・リーダーシップ」について考えてみたいと思います。

リーダーシップといえば、組織の先頭に立って引っ張っていくというイメージですが、サーバント・リーダーシップはフォロワーをバックアップして盛り上げていくという逆のイメージです。「奉仕の精神でフォロワーを導く」わけですが、そうはいっても、ピンとこないかもしれません。早速、講義を始めましょう。

Robert K. Greenleaf
ロバート・K・グリーンリーフ

AT&T社の社員として活躍し、同社のマネジメント研究センター長を務める。AT&T社を退職する直前には、マサチューセッツ工科大学、ハーバードビジネススクールで客員講師となり、またダートマス大学、ヴァージニア大学でも教鞭をとった。さらに、多くの企業や学校に対してコンサルティングも行なった。

グリーンリーフ教授に学ぶ

Section 1　リーダーシップを発揮する際の心構え

組織の使命に対して、リーダーが奉仕する

　これまでのリーダーシップにまつわる議論から受ける一般的な印象は、特定のリーダーが先頭に立って、フォロワーを一つにまとめてグイグイ引っ張っていくというものではないでしょうか？

　たしかにこのイメージは、リーダーシップの側面をとらえているといえるでしょう。

　しかしながら、そもそもリーダーシップを発揮する際の心構えとしては、「自分が先頭に立って、目的に向かってパワフルにフォロワーをリードしていく」という一般的なイメージだけではなく、「目的を達成するために、陰に陽にフォロワーをバックアップしていく」というソフトでしなやかな側面もあるはずです。

組織のミッションに奉仕の精神で貢献

　いくらパワフルなマインドをもつリーダーであっても、目的を達成するというミッションに対して**奉仕の精神**が求められるのではないでしょうか？

　なぜなら、いかなるタイプにせよ、リーダーであるならば組織が目指す目的に対して奉仕するという気持ちがないと話にならないからです。

　組織の目的はどうでもよくて、ただリーダーの地位と名誉を求めるだけの人物は「偽のリーダー」であって、そのような人物に率いられる組織は最終的に望ましい成果を上げることはできません。

リーダーシップの根底にあるのは、組織の目的、ミッションに対して、リーダーが奉仕の精神で貢献することです。

ならば、もともと奉仕の精神でフォロワーに接しているリーダーであれ、パワフルなリーダーであれ、目的に貢献できるように支えていくという心構えがなければなりません。

ゆえに、奉仕の精神は、あらゆるリーダーに求められるといっても過言ではありません。

このような奉仕の精神に基づいたリーダーシップのことを、**サーバント・リーダーシップ**といいます。

> **Point**
> サーバント・リーダーシップはリーダーが奉仕の精神をもつことから始まる。

サーバント・リーダーシップの実践企業例

経営理念やミッションを順守し、フォロワーを含めたステークホルダーにサーバント・リーダーシップを組織全体として発揮している企業例が、ファスニング業界における日本企業の雄である **YKK** です。

YKK は、1934 年に**吉田忠雄**がファスナーの加工・販売を行なうサンエス商会を創業したことに始まるファスナーの世界的企業です。創業者の吉田は、「**善の巡環**」という経営理念を提唱して、それを基軸に事業を世界的に展開しました。

現在、YKK はファスニング事業、建材事業、工機事業の 3 部門体制で、世界 71 か国・地域に 109 社のグループ会社を擁するまでになっています（2012 年末時点）。

グリーンリーフ教授に学ぶ

　YKKの根幹を形成する「善の巡環」という経営理念が意味するのは、「他人の利益を図らずして自らの繁栄はない」というもので、社会の一員として社会貢献してこそ存続、発展できるという考え方です。

　具体的には、顧客には安価で品質の良い製品を供給し、取引業者には成果を還元し、社員には給与や賞与に反映するという「成果の三分配」を実践することです。

　その結果として、顧客、取引業者、組織が発展し、社会全体が「善の

YKKの「善の巡環」

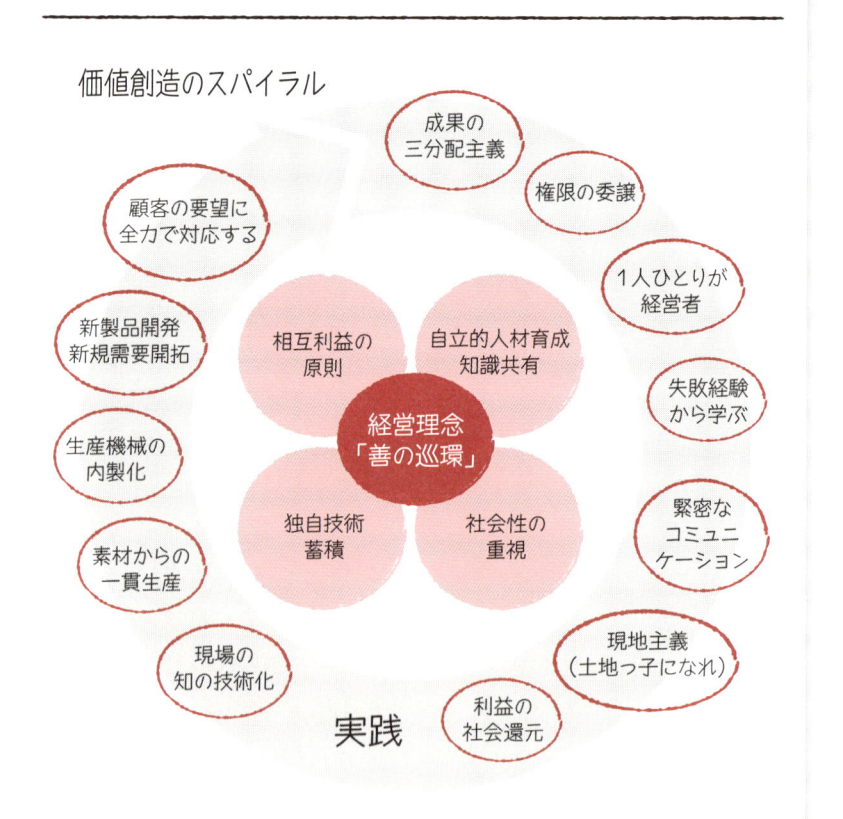

価値創造のスパイラル

- 成果の三分配主義
- 権限の委譲
- 1人ひとりが経営者
- 失敗経験から学ぶ
- 緊密なコミュニケーション
- 現地主義（土地っ子になれ）
- 利益の社会還元
- 現場の知の技術化
- 素材からの一貫生産
- 生産機械の内製化
- 新製品開発 新規需要開拓
- 顧客の要望に全力で対応する

経営理念「善の巡環」

- 相互利益の原則
- 自立的人材育成 知識共有
- 独自技術蓄積
- 社会性の重視

実践

出所：野中郁次郎、遠山亮子、平田透著『流れを経営する　持続的イノベーション企業の動態理論』（東洋経済新報社）をもとに作成

巡環」によって繁栄するというものです。この「善の巡環」が機能するために、顧客第一主義と独自技術の開発という経営戦略に基づいて事業が展開されています。

　YKKの「善の巡環」という経営理念の内容自体は、他者に奉仕するというサーバント・リーダーシップのエッセンスが意味するものと同じでしょう。
　そして、「善の巡環」の実践は、経営者が、組織内はもちろんのこと、顧客や取引業者という組織外の関係者に対してサーバント・リーダーシップを発揮するだけではなく、フォロワーである社員に対しても経営理念の共有を通じてサーバント・リーダーシップを発揮できる人材になるように涵養されています。
　このようにYKKは、組織全体として対内的にも対外的にもサーバント・リーダーシップを発揮して、成功している企業といえるのです。

グリーンリーフ教授に学ぶ

Section 2　サーバント・リーダーシップの定義

まず相手に奉仕し、その後相手を導くもの

　サーバント・リーダーシップとは、「まず相手に奉仕し、その後相手を導くもの」と定義される、リーダーシップに対する根本的な考え方、思想、あるいは哲学といえるものです。

　その特徴として、以下のようなものがあります。

サーバント・リーダーシップの主な特徴

　第1に、リーダーはフォロワーに対して引っ張っていきたいという気持ちが最初に来るのではなく、フォロワーに対して奉仕したい、尽くしたいという気持ちが最初に来ます。そのような気持ちで接することを通じて、やがて導いていきたいという気持ちがわいてくるのです。

　第2に、サーバント・リーダーシップは、地位や権力といったパワーに訴える行動ではなく、奉仕の精神に基づいてフォロワーの気持ちをおもんぱかる行動です。奉仕の精神を示すといっても、パワーを得て、そのありあまる部分で奉仕しても意味がありません。あくまで奉仕したいという気持ちが先に求められます。

　第3に、サーバント・リーダーシップを発揮するということは、単にリーダーがフォロワーを気遣ってなされるだけではなく、フォロワーが組織の目的の達成に向けて献身的になることによってなされなければな

りません。将来的には、サーバント・リーダーシップを発揮しようという心構えをもつように、フォロワーの成長を促していくことに尽きます。

> **Point**
>
> フォロワーに奉仕したい、尽くしたいという気持ちが最初に来るのがサーバント・リーダーシップである。

日本企業の場合、経営理念の下に社員の意識を一体化するように働きかけるマネジメントにおいて、サーバント・リーダーシップの特性がよく表われている例があります。

たとえば、**松下電器産業（現・パナソニック）**の創業者である**松下幸之助**は、品質が良く安価な製品を供給して人々の生活水準を向上させること（**水道哲学**）に事業のミッションを置いて、社会全体に対して事業活動を通じてサーバント・リーダーシップを発揮したといえるでしょう。

そもそも事業活動は、ドラッカー教授が指摘しているように顧客を創造しないことには成り立ちません。顧客から真の支持を得るためには、顧客をコントロールするのではなく、顧客に奉仕することが重要です。

サーバント・リーダーシップはなぜ生まれたか？

もともとサーバント・リーダーシップは、私グリーンリーフが、学生時代に受けた社会学の講義から着想を得たものです。

この社会学の講義で、「社会に存在するあらゆる組織は、各々に果たすべきミッションがある」「本来のミッションを忘れて、目の前の損得だけで動く組織は、組織ではない」ということを教わりました。

こうして私は、「組織にとってミッションが核心的に重要であり、組

織の長たるものに求められるのはミッションに対して奉仕する精神である」と認識するに至ったのです。

そこから、サーバント・リーダーシップこそ、実際に組織のメンバーを導いていく際に求められるリーダーシップであると考えました。

サーバント・リーダーシップの着想を得るにあたって、もう1つ多大な影響を受けたものに、**ヘルマン・ヘッセ**の『**東邦巡礼**』があります。

ここでは少々長い引用になりますが、『東邦巡礼』の要約を紹介します。

東方巡礼の要約

この物語では、ある一団が旅をしているが、おそらくヘッセ自身の旅でもあったのだろう。物語の要となる人物はレーオである。レーオはこのグループに「サーバント（召使い）」として同行し、雑用をしていたが、持ち前の快活な性格や、歌を歌ったりすることによって、一行の支えとなっていた。この男の存在はとても大きなものだ。すべてがうまくいっていたのに、突然、レーオは姿を消す。すると一行は混乱状態に陥り、旅は続行不能になってしまった。サーバントのレーオがいなくては、どうにもならなかったのだ。旅の一団のひとりである語り手は、何年か放浪したのちにレーオを見つけ、あの旅を主宰した教団へ行くことになる。そこで彼は、サーバントとして知っていたレーオが、実はその教団のトップの肩書きを持つ人物で、指導的立場にある偉大で気高い「リーダー」だったと知るのだ。

出所：ロバート・K・グリーンリーフ著、金井壽宏監訳、金井真弓訳『サーバント・リーダーシップ』（英治出版）より引用

この物語の特徴は、召使いとしてメンバーのために一所懸命に働いていたレーオがある日突然いなくなって、そのときになって初めて残されたメンバーは彼のありがたみを理解し、彼によって導かれていたことを痛感するということです（レーオが目的地の最高位の人物であったというオチがつきますが）。

先頭に立ってグイグイ組織を引っ張っていくのではなく、メンバーの支えになってひたすらバックアップしていくという行為が、実は組織を目的に向かって導いていたという、これまでのリーダーシップとは逆のイメージをもたらすのがサーバント・リーダーシップです。

そして、一見すると組織に奉仕することに徹していてリーダーのように思われないが、いなくなって初めて存在の大きさにみんなが気づくレーオのような人物が、サーバント・リーダーシップを発揮する**サーバントリーダー**なのです。

グリーンリーフ教授に学ぶ

Section 3　サーバントリーダーに求められるもの

サーバントリーダーは「7つの能力」を備えている

　ここでは、サーバント・リーダーシップに関して**サーバントリーダー****に求められる能力**について見ていきます。具体的には、以下の7つの観点から解説します。

サーバントリーダーに求められるもの

1	モチベーション	組織上の地位にかかわらず、他者に奉仕したいという欲求
2	マインドセット	組織に参加する人々が協力して目的を達成する環境で、ウィン・ウィンの関係になることを重視
3	影響力の根拠	部下との信頼関係を築き、彼らの自主性を尊重することで組織を動かす
4	コミュニケーションのスタイル	部下の話を傾聴することが中心
5	業務遂行能力	部下へのコーチング、メンタリングから部下とともに学び、よりよい仕事をする
6	成長についての考え方	他者のやる気を大切に考え、個人と組織の成長の調和を図る
7	責任についての考え方	責任を明確にすることで、失敗からも学ぶ環境をつくる

出所：グリーンリーフセンター・ジャパンのホームページ（http://www.gc-j.com）をもとに作成

サーバントリーダーには
何が求められるのか？

❶モチベーション

　従来のリーダーシップに関する支配的な見方は、組織の先頭に立ってフォロワーを従えて引っ張っていくというイメージです。それは、目的に向かってパワフルに突き進んでいくリーダー像を彷彿させます。

　先頭に立って組織を導く姿は理想的なリーダー像といえますが、その意識が過剰になって、頂点に立って思うままに人を支配したいという本来の目的とは別の支配欲に陥ってしまう場合もあります。

　サーバントリーダーには、先頭に立ってグイグイ組織を引っ張っていきたいという気持ちよりも前に、一緒になって目的を実現するために協力してくれるフォロワーの意識を盛り上げていきたいという気持ちが求められるのです。

従来のリーダーシップ（モチベーション）との違い

先頭に立ってグイグイ組織を引っ張っていく
（支配欲）

↓

組織の目的を実現するために、フォロワーの気持ちを高める
（奉仕の精神）

サーバント・リーダーシップ

❷心構え

　そもそも、サーバントとは「奉仕する」という意味ですが、奉仕というのは、奉仕する側の自己犠牲によって成り立つものではありません。

むしろ奉仕する側、奉仕される側の両者に何らかの得るものがあって初めて成り立つものです。

そう考えると、リーダーとフォロワーが Win-Win（ウィン・ウィン）の関係になることが望ましいのです。

リーダーは、フォロワーにサーバント・リーダーシップを発揮することで、組織の目的の実現に向けて邁進することができ、フォロワーが成長する喜びを感じることができます。

一方、フォロワーも、目的の実現に向けて一歩を踏み出すことができ、自分自身の成長を実感することができます。

ここからいえるのは、サーバントリーダーには、フォロワーとの人間関係において、お互いに恩恵を得るウィン・ウィンの関係の構築を目指すという心構えが求められるということです。

サーバントリーダーとフォロワーのウィン・ウィンの関係

サーバントリーダー
- 組織の目的に向けて邁進できる
- フォロワーが成長する喜びを感じる

フォロワー
- 組織の目的に向けて一歩を踏み出せる
- 自分自身の成長を実感できる

❸影響力の根拠

公式的にマネジャーの職位にあるリーダーは、組織階層による**パワー**、たとえば人事権のような権力を手にすることができます。つまり、特定の役職につけば、フォロワーを自分の思い通りに動かすことが可能になるというわけです。

このようにリーダーになれば、たいていはパワーによって影響力を行

使できます。しかしながら、パワーばかりに訴えていると、知らず知らずのうちにフォロワーにストレスをかけてしまうことになります。

フォロワーは、服従を強いられてばかりいると、やがてリーダーに対して反発するようになります。

フォロワーの反発を避けるためには、信頼関係が不可欠です。リーダーとフォロワーが信頼し合える関係がベースにあれば、リーダーはフォロワーの自主性に任せた**エンパワーメント（権限委譲）**を行なうことができます。

エンパワーメントを受けたフォロワーは、任された仕事にやりがいを感じ、自分自身の成長に向けてさらに努力するでしょう。

フレンチとレイブンのパワーの分類

報酬的パワー	リーダーが給与や賞与または昇進といったような報酬を通じてフォロワーからの服従を引き出す
強制的パワー	リーダーの組織階層上の特権に基づいて発揮される影響力であり、順守されないときは罰則を適用するなどしてフォロワーからの服従を引き出す
専門的パワー	リーダーの職務および組織運営に関する知識量によってフォロワーの依存心を高めて、服従を引き出す
同一的パワー	フォロワーに個人的魅力を感じさせることで服従を引き出す
正当的パワー	リーダーの指示や命令に服従するのは当然であるとフォロワーを認識させることで服従を引き出す

出所：斉藤勇編『対人社会心理学重要研究集　社会的勢力と集団組織の心理（誠信書房）をもとに作成

❹コミュニケーションのスタイル

　コミュニケーションといえば、どれだけ多くのコミュニケーションをとったのかという量的な側面が注目されがちです。いくらコミュニケーションをとったとしても、リーダーが一方的に情報を発信する形であるならば、サーバントリーダーに求められるコミュニケーションではありません。

　サーバント・リーダーシップのエッセンスは、他者に奉仕することです。この特性をコミュニケーションに置き換えると、他者の意図とか、考えていることとか、要望など、相手の意見に耳を傾ける、すなわち**傾聴**することが何より大事です。

　フォロワーの意見を傾聴することで、リーダーにとっては、自分が気づかないところや、思いつかないところ、あるいは誤解していたところなど、よりよい発見をすることができます。

❺業務遂行能力

　サーバント・リーダーシップが業務遂行にどのように反映されるのかというと、フォロワーの活動を陰に陽にサポートして、フォロワーの業務遂行能力を高めていくということになるでしょう。

　このように考えると、サーバント・リーダーシップと**コーチング**および**メンタリング**は、近い関係にあります。なぜなら、いずれも、フォロワーの自主性を重んじつつ、成長を促すという点で共通するからです。

　フォロワーに対して、単に指示を出すだけ、または自分の手先のように使って業務をこなすだけでは、一定の成果を上げられるかもしれませんが、そのような職場で社員は長続きしないでしょうし、長期的な視点で一人前に育てていくことは不可能です。

　フォロワーが成長するプロセスは、フォロワーだけにメリットがあるわけではなく、リーダーにとっても新たな学びの機会であり、リーダー自身の成長ももたらします。

　サーバントリーダーには、「人を育てて、自分も学ぶ」という視点で

業務遂行を心がけることが求められます。

❻成長についての考え方

　サーバントリーダーの目指すものは、組織の目的を達成することはもちろんですが、そこに至るまでのプロセスでフォロワーの成長をサポートすることです。

　その背後にある人間に対する考え方は、マサチューセッツ工科大学の**ダグラス・マグレガー**教授が提唱したY理論とX理論に通じます。

　Y理論とは、仕事に対して積極的な姿勢をとる人間観を想定したものです。具体的には、人間は仕事を意欲的にこなす、仕事を通じて成長したいという特性をもっていると考えます。

　逆に、X理論とは、人間はもともと仕事嫌いで、命令しないと動かないという消極的な人間観を想定しています。

マグレガーのX理論とY理論（人間観）

Y理論　仕事に対して積極的
人は、仕事を通じて成長したいという欲求をもっている（意欲的である）

X理論　仕事に対して消極的
人は、もともと仕事嫌いである（命令しないと動かない）

　サーバント・リーダーシップが想定するのは、仕事に対して積極的な姿勢をとる人間です。しかし、何もしないでフォロワーの自主性や能動性を待っているだけでは、意味がありません。

　だからといって、X理論的な人間観でフォロワーに接すると、逆に成

長の芽を摘んでしまいかねません。むしろ、Y理論のような肯定的な人間観に基づいて、フォロワーの成長を後押しすることが求められます。

❼責任についての考え方

　組織で活動する以上、参加するすべての人は何らかの役割を担い、それに伴う責任も負うことになります。また、組織階層が上位になればなるほど、その責任も重くなってきます。

　組織の活動が順調であるときは、大々的に責任を問われることはありません。しかし、何らかの問題が発生したときは、その責任の所在を巡って対立が生じます。

　責任を明確にするという観点からサーバントリーダーに求められるのは、仮にフォロワーが何らかのミスをしたときに、どのようなリアクションをとるべきなのかについてです。

　ミスが発生することは避けるべきですが、100％避けることはできません。ミスが避けられないのはある意味で仕方がないと腹をくくらなければならないでしょう。

　仮にフォロワーが何らかのミスをした場合、サーバントリーダーには、自らその責任をとることと、ミスを最小限に食い止めること、そして再発を防ぐことが求められます。

> **Point**
>
> サーバントリーダーに求められるものとして、「モチベーション」「マインドセット」「影響力の根拠」「コミュニケーションのスタイル」「業務遂行能力」「成長についての考え方」「責任についての考え方」がある。

Section 4　サーバント・リーダーシップの実践

フォロワーの成長を促し、組織の発展に努める

　では、サーバント・リーダーシップをどのように日常の活動に活かしていけばいいのでしょうか？

　実践に関して、グリーンリーフセンター・アメリカ本部長を務めた**ラリー・スピアーズ**は、10項目のサーバント・リーダーシップの属性を提唱しています。

サーバントリーダーの10の属性

❶傾聴

　サーバント・リーダーシップを発揮するためには、フォロワーの声に虚心坦懐に耳を傾けることが重要です。

　ただ単に相手の言うことを聞くだけではなく、フォロワーが後にサーバント・リーダーシップが発揮できるように成長してもらうために、何が必要なのかを聞き出すということが求められます。

　そもそも、相手に奉仕しようと思えば、相手が何を欲しているかがわからないと話になりません。そう考えれば、サーバント・リーダーシップを発揮する第一歩として、相手の話に耳を傾ける傾聴が必要となります。

❷共感

　フォロワーの言い分に対して、納得できるものであるならば問題ない

のですが、疑問に思うことや反論したいと思うことも、中にはあると思います。

　そういうときであっても、いきなり反論せずに、まずは相手の言い分を受け入れること、すなわち共感することが肝心です。

　フォロワーの言うことに耳を傾け、その意見をいったん受け入れることによって、より有効なフィードバックを出すことができるでしょう。

　適当に言うことを聞いて、適当にフィードバックを出していると、フォロワーから「あの人は、アテにならない」と思われてしまいます。

❸癒し

　従来のリーダーとフォロワーの関係から考えると、この癒しという言葉は最も縁遠いイメージがあるかもしれません。癒しというよりも、力強さや、ともすればプレッシャーが従来のイメージだからです。

　力強さやプレッシャーはもちろん必要ですが、そればかりだと、フォロワーは精神的に疲弊しかねません。人間は機械ではなく、気持ちのアップダウンが必ずあります。

　フォロワーの気分が高揚して、「イケイケどんどん」のようなときは、力強さやプレッシャーが有効でしょう。逆に、現状に行き詰まりを感じていたり、失敗で気持ちが滅入っていたりするときには、相手の心に寄り添う癒しが必要です。

　サーバント・リーダーシップの実践には、このようなデリケートでソフトな面が求められるのです。

❹気づき

　物事を理解するには、人から教えてもらうこと以外に、自然と気づくということもあります。この気づきで得た知識や感覚は、インパクトが強く、いつまでも心に残るものです。

　リーダーシップおいても、優れたリーダーは、伝えたいことをストレートにフォロワー伝えるのではなく、フォロワー自身が気づくように仕

サーバントリーダーの10の属性

- ❶ **傾聴** フォロワーの声に耳を傾ける
- ❷ **共感** フォロワーの気持ちを理解する
- ❸ **癒し** フォロワーを支える
- ❹ **気づき** 仕事のヒントを与える
- ❺ **説得** 仕事の理解を促す
- ❻ **概念化** わかりやすく説明する
- ❼ **先見力・予見力** 今後の見通しを示す
- ❽ **執事役** ゆるぎない信頼関係をつくる
- ❾ **人々の成長に関わる** フォロワーの成長を促す
- ❿ **コミュニティづくり** 真の協力関係を創造する

向けていきます。

『東方巡礼』のレーオなど、いなくなって初めてメンバーがそのありがたみに気づくというストーリーに象徴されているように（実はいなくなって気づくのでは「時すでに遅し」ですが）、フォロワーの気づきを促すことが重んじられます。

❺説得

組織で活動するということは、すなわち組織階層の上位者から下位者へと指示や命令が一元的に伝達されることが基本です。よって、組織におけるコミュニケーションは、指示や命令が中心になります。

しかしながら、指示や命令を下しても、そこから得られるパフォーマンスは、長期的に見ると受け手のモチベーションが少なからず影響して

くるものです。

フォロワーの立場からすれば、指示や命令に納得すればそれ相応のモチベーションで動けますが、単なる垂れ流しまたは配慮に欠いた情報伝達は、致命的に組織をダメにします。

サーバント・リーダーシップの実践で求められるのは、フォロワーが納得して自分の意志で仕事を進めていけるように、指示や命令でも説得するという姿勢です。

❻概念化

これは「説得」と深く関わってくるのですが、自分では感覚的にわかっていることであっても、それをうまく相手がわかるように伝えないと意味がありません。

概念化とは、フォロワーとの間に共通理解が得られるようにアイディアや知識、情報をわかりやすく表現するということです。

暗黙知としてわかっているだけでは、その知識は当人の中に眠ったままになっています。

そこで、暗黙知を形式知にする、たとえば文字化する、図式化する、数値化するといった知識の転換を図る必要があります。いわゆる「**見える化**」です。

リーダー自身が概念化のプロセスを経ることによって、自分の知識の再整理ができ、そこから新たなアイデアの芽が生まれることがあります。また、フォロワーからのフィードバックによって、より精緻化されるというメリットもあります。

❼先見力・予見力

フォロワーの成長を促すためには、今後の見通しをリーダーは示さなければなりません。今後の見通しについては、組織全体としてはビジョンという形で打ち出すことが必要です。

そう考えると、サーバントリーダーは、時代の流れ、物事の大局を見

極める深い先見力・予見力が求められます。これから起こることは不確実な要素が多いので、誰も完全に予測することはできません。しかし、何らかの方針を立てないと、物事が動かないのもまた事実です。

これはサーバント・リーダーシップだけではなく、リーダーシップ全般にいえることです。リーダーは、組織運営や経営のノウハウといった専門知識だけではなく、たとえば歴史、宗教、文化、芸術といった幅広い教養を身につける必要があります。仕事の経験と教養が相まって、今後の見通しの手がかりが得られるというものです。

❽執事役

そもそも執事とは、主人の立場にある人間から重要な責任を任される人物です。その背後にあるのは、絶対的な信頼です。信頼がなければ、大事なことを任せるわけにはいきません。

執事も、責任のある重要な仕事を、主人のために懸命に奉仕して完遂します。そこには、さまざまな思惑があるかもしれませんが、最優先されるべきは主人のためということです。

主人と執事の関係

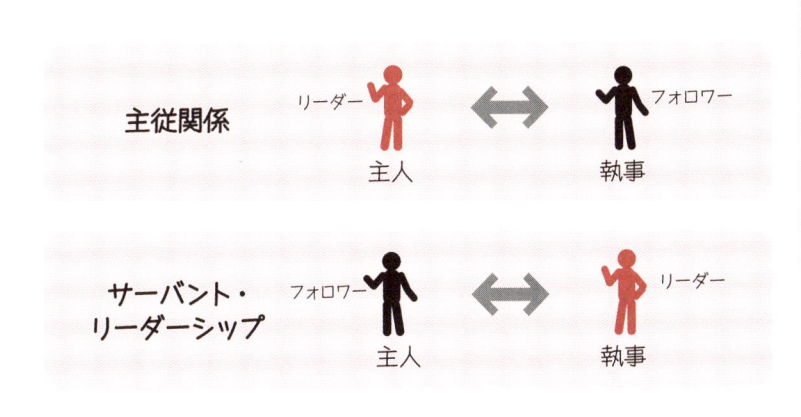

主従関係
リーダー ⇔ フォロワー
主人 　　　執事

サーバント・リーダーシップ
フォロワー ⇔ リーダー
主人 　　　　執事

執事に絶対の信頼を置く主人と、主人のために忠実に仕事をこなす執事の関係が、理想的な関係というわけです。

サーバント・リーダーシップにおいても、この主人と執事の関係が求められます。

ただし、ここで注意しなければならないのは、主従関係という図式で見れば、リーダーが主人で、フォロワーが執事であるのに対し、サーバント・リーダーシップという図式で見ると、フォロワーが主人で、リーダーが執事であるということです。

このようにサーバント・リーダーシップの実践においては、立場としては主人かもしれませんが、相互作用のプロセス上はフォロワーの執事役になることが求められるのです。

❾人々の成長に関わる

サーバントリーダーだけではなく、すべてのリーダーは、意図する意図しないに関わりなく、フォロワーに対して善きにつけ悪しきにつけ影響を与えるものです。その関係が長きに渡れば、なおさらその影響は強いものとなるでしょう。つまり、リーダーは、何らかの形でフォロワーの成長に影響を与えます。

とりわけ、サーバント・リーダーシップの場合は、フォロワーが一人前になるようにサポートするとともに、将来的にはサーバントリーダーになってもらうように育成しなければなりません。

それゆえに、サーバント・リーダーシップの実践においては、リーダーがフォロワーに与える影響の大きさを自覚し、つねにフォロワーの成長に関わっているという意識をもち続ける必要があります。

❿コミュニティづくり

企業であれ官公庁であれ、およそ組織と呼ばれるものは、参加者すべてが共有する目的の実現に向けて協働します。協働するということは、お互いに足りないところは補い合い、助け合うことを意味します。

したがって組織は、共同体、すなわちコミュニティの要素を含んでいます。

　また、組織には、それを構成する下部組織があり、そこにもコミュニティは存在します。つまり、組織は小規模の集団のコミュニティから成るより大きなコミュニティともいえるのです。

　トップであれ、ミドルマネジャーであれ、ロワーマネジャーであれ、リーダーの役割を担う者は、いうなればコミュニティの扇の要といえるでしょう。それゆえに、リーダーは、コミュニティを維持・発展させていく役割を担うのです。

　サーバント・リーダーシップの実践においては、コミュニティとしての組織を維持・発展させていくために、フォロワーの連帯意識をリーダーが促していくことが必要となります。

> **Point**
> リーダーは、フォロワーの成長を促し、自律性および主体性を涵養して、将来的にサーバントリーダーになるべく育成する。

Resting Time

５時間目のまとめ

　サーバント・リーダーシップ……聞きなれない言葉で、なおかつ奉仕の精神がいかに大事かを説かれて、最初はとまどった。
　しかし、リーダーシップをより深いレベルで考えてみると、前に出て引っ張る前に、フォロワーの気持ちを盛り上げ、さらにはフォロワーの成長を促す意識がないと、元も子もないことがわかった。

　これまでの講義でも、リーダーシップにおけるフォロワーの重要性を指摘していたが、その根拠が、サーバント・リーダーシップにおける考え方に一脈通じると思えた。

　単なるお人好しではない、真に組織の目的の達成を目指し、フォロワーの成長を信じる強い信念をもち合わせていないと、サーバント・リーダーシップは発揮できない。
　そして、サーバント・リーダーシップは、リーダーになるためには必ずもたなければならない心構えであると自覚した。

　また、サーバント・リーダーシップの発揮を通じて、フォロワー自身が将来的にサーバント・リーダーシップを発揮できるように成長を促すという点も重要である。
　この点は、４時間目のベニス教授が述べていたリーダーシップの開発のベースとなる考え方として活かしていくことができるのではないかと思った。

　いよいよ、最終講義の６時間目だ。トリをつとめるのは、異端の経営

学者・ミンツバーグ教授だ。
　ミンツバーグ教授は、リーダーシップからより視点を広げて、管理者（マネジャー）の行動という観点から説明してくれるようだ。

　プログラムの総まとめとして、どのような講義が聴けるのだろうか？
そして、これからの自分の仕事にどのように活かせるだろうか？

　あ、ミンツバーグ教授が教室に入ってきた……。

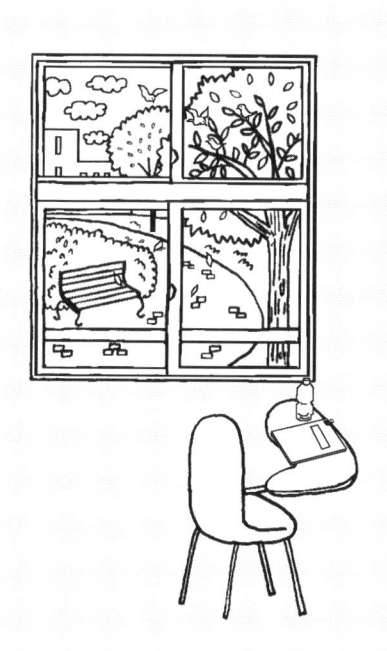

5時間目のノート
＜サーバント・リーダーシップ＞

◎サーバント・リーダーシップは、リーダーが奉仕の精神をもつことから始まる。

◎フォロワーに奉仕したい、尽くしたいという気持ちが最初に来るのがサーバント・リーダーシップである。

◎サーバントリーダーに求められるものとして、「モチベーション」「マインドセット」「影響力の根拠」「コミュニケーションのスタイル」「業務遂行能力」「成長についての考え方」「責任についての考え方」がある。

◎リーダーは、フォロワーの成長を促し、自律性および主体性を涵養して、将来的にサーバントリーダーになるべく育成する。

6時間目

ミンツバーグ教授に学ぶ
「マネジャーの役割と仕事」

> 6時間目を担当するミンツバーグです。この講義では、「管理者行動論」という観点から、リーダーシップをより広い視点で考えてみたいと思います。
> 具体的には、従来の経営管理論で議論されている内容を振り返りつつ、私の実態調査から得られたマネジャーの実像を紹介して、その相違点を明らかにします。
> さらに、同じく実態調査から得られたマネジャーの10の役割についてお話しします。それでは、最後の講義です。

Henry Mintzberg
ヘンリー・ミンツバーグ

マギル大学クレグホーン寄付講座教授および INSEAD 客員教授。既存の理論や常識を疑い、徹底した現場主義に基づく調査で実像を明らかにしていく研究スタイルにより、数々の功績を残す。また、研究の関心領域も、管理者行動から経営戦略そして組織論と幅広い。主な著書は、『戦略サファリ』など。

ミンツバーグ教授に学ぶ

Section 1　古典的管理論とは？

マネジャーによる管理には「5つの原則」がある

　マネジャーの行動を説明するうえで、まずは、**管理**について考えてみましょう。具体的には、主に**経営管理論**における**管理原則**を見ていくことにします。

そもそも「管理」とは何か？

　英語で管理者は、**マネジャー**（manager）と呼ばれます。マネジャーの動詞が、manage です。この manage という動詞には、「何とかして成し遂げる」という意味があります。すなわち、管理には、人を使って目的を成し遂げるという意味がそもそもあるのです。
　ここではマネジャーを、組織あるいはそのサブユニットの責任者と定義して議論します。

　経営管理の代表的理論として**ファヨール**の管理論があります。ファヨールは、管理を5つの段階から成るプロセスであることを指摘しました。
　具体的には、①**計画**、②**組織**、③**指揮**、④**調整**、⑤**統制**というプロセスによって管理は成り立つとされました。
　このファヨールの管理論が発展して、**管理過程論**となりました。管理過程論においては、管理を実践するにあたっての原則が論じられました。
　管理原則については、論者によって見解の相違が存在しますが、主なものとしては、5つの原則があります。

主な管理原則

- ❶ 階層性の原則
- ❷ 命令一元化の原則
- ❸ 統制範囲の原則
- ❹ 専門化の原則
- ❺ 権限委譲（例外）の原則

5つの管理原則

❶階層性の原則

マネジャーに関して、企業組織を例にとってみると、最高経営責任者（CEO）あるいは代表取締役社長という**トップマネジャー**と呼ばれる役職が存在します。

ご存じのとおり、トップマネジャーだけがマネジャーではありません。部長や課長といった**ミドルマネジャー**がいます。さらに、現場レベルのマネジャーである**ロワーマネジャー**もいます。このように、管理は**階層性**に基づいて実践されます。

マネジャーは階層上に配置されているわけですが、各々の階層において権限と役割が明確化され、指示や命令は上位から下位の階層に伝達されるという形式がとられます。これは、**官僚制組織**の「階層性の原則」と同じことを意味します。

❷命令一元化の原則

　階層性の原則では、マネジャーが階層上に配置され、上位から下位の階層へ命令が下されます。

　命令一元化の原則とは、この上位から下位の階層へ下される命令については、複数のラインから異なる命令が多元的に下されるのではなく、シンプルに一元化された命令が下されるべきだという考えです。

　そもそも、命令が多元化すれば、どの命令に従えばよいのかわからなくなります。また、正反対の命令が出たならば、より一層の混乱を招きます。

　あくまで１人の上司から下される、一元化された命令を聞くというのが、命令一元化の原則のエッセンスです。

❸統制範囲の原則

　統制範囲の原則では、１人のマネジャーが管理できる部下の数は有限であるとされます。

　ミシガン大学の**リッカート**教授は、組織をいくつかの小集団が集まって形成される**多元的重複集団**であるとしました。そこでのマネジャーの役割は、自らが率いる集団を取りまとめ、その上位の集団とつながる**連結ピン**の機能を果たすものと考えました。

　実際の企業組織においても、階層性の原則に基づき、組織内にはさまざまな部署でマネジャーが存在しており、小集団が多重的に連結した形になっています。

　では、実際に管理できる部下の数はどの程度かというと、６人から７人という見解があるものの、そこはマネジャーの能力、管理する内容、組織が直面している状況など、さまざまな要因が介在するので厳密に定義することはできません。

　ただし、統制範囲は有限であるという認識を軸に、適切に人員を割り振っていくという基本姿勢は不可欠でしょう。

多元的重複集団としての組織

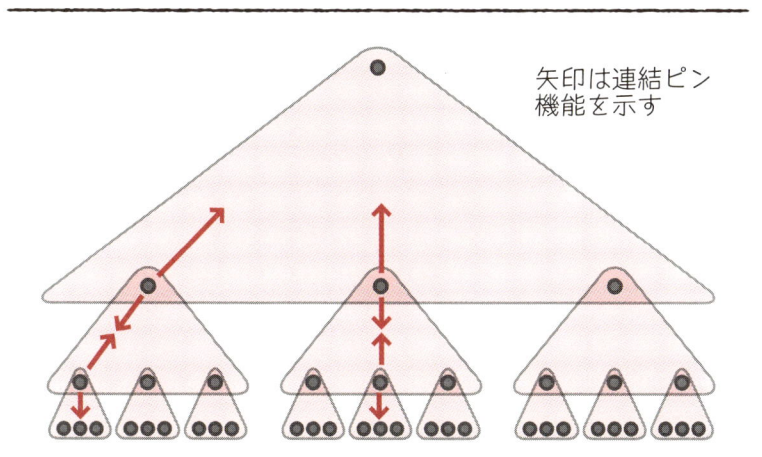

矢印は連結ピン機能を示す

出所：R・リッカート著、三隅二不二監訳『経営の行動科学＆新しいマネジメントの探究』（ダイヤモンド社）をもとに作成

❹専門化の原則

　専門化の原則とは、分業化された仕事の権限と責任を明確にし、その役割に求められる専門性をトレーニングによって習得し、その役割に専従することを意味します。これも、官僚制組織の特徴（専門的なトレーニング）と共通するものです。

　マネジャーは、自らの役割に対して専門性を身につけることが求められます。一方で、部下に対しては、分業する役割を定義し、それに対するトレーニングを実施し、専従することを求めます。

　役割とそれに伴う権限と責任が不明確であれば、何らかのトラブルが生じたときに責任の所在があいまいになって、組織内に無用の混乱をもたらします。

　トラブルに陥った組織では往々にして、責任の押しつけ合いなど、他者への責任転嫁が横行し、結果として機能不全になってしまいます。

❺権限委譲（例外）の原則

　企業の組織活動では、専門化のための基本的なトレーニングを受けるわけですが、マネジャーが、ある程度のスキルが身についた部下に対してこまごまと口をはさむのは、かえってモチベーションを低下させて生産性を下げることになります。

　マネジャーとしては、直接的な管理よりも、むしろ部下に積極的に権限を委譲して、快適に仕事に取り組める職場をつくることに専念すべきでしょう。

　たとえば、関連部署と調整して緊密に連携できるようにしたり、さらに上位の階層の上司と良好な関係を築いたりして、現場の部下の意見がなるべく通るように環境を整備することが求められます。

　権限委譲といっても、ただ仕事を任せるだけでは不十分です。権限を委譲しても、予想外の事態が発生したときは、部下の力だけでは十分に対処できません。例外的な事態においては、上司が積極的に介入して事態の打開を図ることが必要です。このような管理のあり方を**例外管理**といいます。

> **Point**
>
> 経営管理は、決められたことをきちんと遂行するためのシステムである。

Section 2　マネジャーの役割

マネジャーとしての仕事は「10の役割」を果たすこと

　マネジャーの実態調査によると、マネジャーの役割は、3つのグループに分類できます。

マネジャーの「10の役割」

　第1のグループは、**対人関係の役割**です。これは、マネジャーの肩書に関係する役割です。

　マネジャーが関係する人物として真っ先に挙がるのは、部下であるフォロワーですが、決してそれだけではありません。たとえば、顧客や取引先あるいは株主といった利害関係者、組織内では関連部署や関連会社の管理者といった組織内の横のつながりもあります。

　マネジャーには、こういった周辺を取り巻く人々との関係から生じるさまざまな課題をこなしていく役割が求められるのです。

　対人関係の役割は、**フィギュアヘッド、リーダー、リエゾン**という3つの役割から成ります。

　第2グループは、**情報関係の役割**です。

　マネジャーは、所属する階層にかかわらず、組織の目的を実現するために必要な情報を収集し、伝達しなければなりません。また、組織の成果については、対外的にも対内的にも発信していかなければなりません。

　すなわち、マネジャーは、いかにうまく情報を扱えるのかというのが

重要です。

　そして、この情報関係の役割は、対人関係の役割で培われたさまざまな人間関係が有効に作用しているのです。

　情報関係の役割は、**モニター**、**周知伝達役**、**スポークスマン**という3つの役割から成ります。

　第3グループは、**意思決定の役割**です。マネジャーにとって最も重要な仕事とは、意思決定して、その責任を負うということです。

　意思決定とひと言にいっても、さまざまなレベル、場面で求められるものです。

　とりわけ、戦略的な意思決定においては、製品やサービスの開発といった自発的で革新的なものがある一方で、業績不振に陥ってやむを得ず方針を転換するという非自発的で反応的なものもあります。

　前者は、**企業家的意思決定**であり、後者は、**攪乱あるいは危機の意思決定**です。**通常の意思決定**と呼ばれているものは、両者の中間にあると考えられます。

　また、意思決定のプロセスは、意思決定に必要な情報を収集する**情報収集段階**、選択肢を探索して評価する**設計段階**、使える選択肢の中から選び出す**選択段階**から成っています。

　意思決定の役割は、**企業家**、**障害処理者**、**資源配分者**、**交渉者**という4つの役割から成ります。

　以下の**マネジャーの10の役割**は、一つでも欠けると成り立たない統合化されたものです。

　まず、マネジャーの権限と地位によって、人間関係が構築されます。

　そして、人間関係が構築されることによって、情報収集が可能となります。

　さらに、その収集した情報に基づいて、意思決定がなされるということです。

マネジャーの役割と仕事

マネジャーの役割とは？

```
         ┌─────────────┐
         │ 公式権限と   │
         │   地位       │
         └─────────────┘
                ↓
    ┌──────────────────────┐
    │   対人関係の役割      │
    │ ❶フィギュアヘッド    │
    │ ❷リーダー            │
    │ ❸リエゾン            │
    └──────────────────────┘
                ↓
    ┌──────────────────────┐
    │   情報関係の役割      │
    │ ❹モニター            │
    │ ❺周知伝達役          │
    │ ❻スポークスマン      │
    └──────────────────────┘
                ↓
    ┌──────────────────────┐
    │   意思決定の役割      │
    │ ❼企業家              │
    │ ❽障害処理者          │
    │ ❾資源配分者          │
    │ ❿交渉者              │
    └──────────────────────┘
```

出所：ヘンリー・ミンツバーグ著『マネジャーの仕事』（白桃書房）をもとに作成

　いうなれば、マネジャーの役割は、インプットとアプトプットのシステムであると考えられるのです。
　それぞれ詳しく見てきましょう。

人間関係の課題を解決する

❶フィギュアヘッド

　フィギュアヘッドとは、映画などでよく見かける昔の船の船首についている像のことです。ここから転じて、何かを象徴するもの、言い換えるとその組織の顔として存在ということになります。

　組織の顔として活動する役割がフィギュアヘッドですから、組織の代表として関連団体の会合に出席する、営業に来た業者に対して対応する、あるいは公式の文書にサインをするといった仕事も含まれます。

　いずれの仕事もマネジャーとしての肩書に付随して生じる必然的な仕事です。必ずしも、マネジャーとしての仕事の中心的なものではありませんが、マネジャーの肩書ゆえに果たさなければならない役割です。

❷リーダー

　リーダーシップは、組織活動のあらゆる部分に浸透しているので、直結する部分だけを議論すると、マネジャーの行動の全貌を明らかにするための重要なポイントが欠落してしまいます。

　なぜなら、フォロワーである部下とのやり取りの中で、リーダーとしては情報伝達したり、意思決定したりする場面であっても、部下の目にはその行為に希望を持ったり、励まされたりして、モチベーションが上がり、結果としてリーダーシップを発揮していると受け取られることもあり得るからです。

　マネジャーは、リーダーの役割を意図的に発揮しようとしまいと、部下であるフォロワーに対して絶えず注意を払っていなければなりません。

❸リエゾン

　リエゾンとは、「つなぐ」ことを意味します。組織活動に当てはめると、**連結役**、つなぎ役ということになります。

マネジャーといえばとかく部下との関係、ミドルマネジャーまたはロワーマネジャーの場合はさらにその上に上司がいるので、上司との関係に焦点が当てられ気味です。

ところが、実際のマネジャーの活動を見れば、トップであれば、同業者の団体や経済団体、地域の団体といったさまざまな利害関係者と人脈を築くことが求められます。

一方、ミドルやロワーの場合は、取引先や顧客といった組織外の人脈も必要です。それに加えて、組織内の横の連携も求められます。

マネジャーの役割（対人関係）

役割	内容	管理者行動研究から識別される活動
❶ フィギュアヘッド	象徴的な長：法的、社会的性質をもった多数の定常的責務を遂行する責任がある	儀式、肩書に寄せられる要請、請願
❷ リーダー	部下の動機づけと活性化に責任がある：人員配置、訓練および関連責務への責任	部下を引き込む管理活動のほとんど全部
❸ リエゾン	好意的支援や情報を提供してくれる外部の接触や情報通から成る自分で開拓したネットワークを維持する	郵便物の受領通知：社外取締役の仕事：外部の人々と関わるその他の活動

出所：ヘンリー・ミンツバーグ著『マネジャーの仕事』（白桃書房）をもとに作成

膨大な情報を うまく扱う

❹モニター

モニターとは、まさにモニターカメラのように外部の動きを逐一監視するということです。すなわち、組織の外部の動き、そして組織の内部の動きに関連する情報を収集します。

収集した情報から、外部環境の変化、組織内外の問題点、新たな知識といった多面的な情報を収集します。

調査結果によると、モニターとして収集する情報は、5つのタイプに分類できます。

具体的には、**内部業務、外部の出来事、分析、アイディアとトレンド、プレッシャー**の5つです。

モニターとして収集する情報

内部業務	組織内の業務の進捗、業務に付随する問題点、現地視察から得る情報など
外部の出来事	市場や政府の動向、競合相手や取引先の動向、業界に関する動向など
分析	業界団体が送ってくる市場動向を分析したニューズレターから、自社の専門職社員が作成したマーケティングレポートまで
アイディアとトレンド	会議に出席したり、知り合いや部下からの提言を聞いたり、採用報告書などに目を通したりして得た情報から、アイディアを磨いてトレンドを判断
プレッシャー	顧客やクライアント、地域の有力者、圧力団体からの陳情など

❺周知伝達役

モニターの活動を通じて得られた情報は、マネジャーの頭の中にとどめておくだけではなく、組織内に伝達する必要があります。これが、周知伝達役の役割です。

伝達する情報は、**事実情報**、**価値情報**の2つに大きく分けることができます。

また、周知伝達役には、部下の間で情報のやり取りがうまくいかない場合の橋渡し役としての機能ももちます。

伝達する情報は大きく分けて2つ

事実情報	検証可能で、正しいものか、間違ったものかが誰でも確認できる情報
価値情報	基本的には「べき」論で、情報源の人物がもっている信念に基づいている

とりわけ、目に見えない価値をいかに言葉にして表現し、組織に浸透させていくのかが重要

❻スポークスマン

スポークスマンの役割としては、組織外へ情報を発信することといえます。

情報発信において重要なのは、発信する情報の鮮度を保つことです。鮮度の高い情報とは、情報の受け手にとって信頼に足る情報のことです。その情報が評価されることによって、後々有効なつながりとなって機能していきます。

また、スポークスマンには、エキスパートとしての側面も要求されます。

とりわけ、マスコミなどの外部関係者から、専門的な業務内容について聞かれたときは、エキスパートとして適切な情報を発信する応対が求められます。

マネジャーの役割（情報関係）

役割	内容	管理者行動研究から識別される活動
❹モニター	組織と環境を徹底的に理解するため広範な専門情報を探索・受信：組織内外の情報の神経中枢になる	主に受信情報に関連するものとして分類される郵便の処理と接触（定期刊行物、現場視察など）
❺周知伝達役	外部や部下から受信した情報を自分の組織のメンバーに伝える：事実情報もあり、解釈が入り組織の有力者がもつ多様な価値づけを統合した情報もある	情報のために郵便を組織に転送、部下に情報を流すことも含む口頭接触（事後検討会議、インスタント・コミュニケーション・フローなど）
❻スポークスマン	組織の計画、方針、措置、結果などについて情報を外部の人に伝える：組織の属する業種に関して専門家の働きをする	取締役会：外部の人への情報伝達に関わる郵便の処理と接触

出所：ヘンリー・ミンツバーグ著『マネジャーの仕事』（白桃書房）をもとに作成

意思決定に責任を負う

❼ 企業家

　企業家の役割とは、組織変革において創発者と設計者を演じるということです。マネジャーは、モニターの役割によって収集した情報から、変革の機会や必要性を察知します。そこから得られたチャンスや問題に対して、組織として対応すべく行動します。

　このような機会を利用して、問題解決のために設計される連続的な諸活動のことを、ここでは**改善計画**と呼ぶことにします。つまり、改善計画とは、一連の小さな意思決定が、一定期間の諸活動に関連していくことを意味します。

　改善計画の設計からその後の選択の段階に関して、マネジャーは、**委譲**、**権限付与**、**監督**という3つのレベルのどれかを選択します。

改善計画の設計段階から選択段階に関する3つのレベル

委譲	改善計画のうち重要度が低いものは、設計とその後の選択の両段階の全権を部下に委譲
権限付与	設計段階の全権を部下に委譲する一方で、その後の選択段階の責任、すなわち資源配分者の役割の責任を負う。部下の提案に関して、マネジャーが承認する形をとる
監督	すべての段階をマネジャーがコントロールしようとする。言い換えると、企業家、障害処理者、資源配分者の役割をすべてマネジャーがこなす

❽ 障害処理者

　企業家の役割がマネジャーの意図的な行為であるのに対して、障害処理者の役割は予測できない突発的な事態に対する行為であるといえます。

障害のタイプとしては、**部下の間での対立**、**部門の間での対立**、**経営資源の喪失およびそこからくる驚異**という3つに分類できます。

調査結果では、マネジャーは障害処理の案件が発生するとその他の仕事のスケジュールを調整して、障害処理の案件を最優先事項として処理していました。

障害のタイプ

部下の間での対立	経営資源の獲得に伴う対立、性格上の不一致、専門性からくる衝突など
部門の間での対立	部門間での利害関係の衝突が表面化する
経営資源の喪失およびそこからくる脅威	部下の辞職、天災や事故による施設の喪失、顧客の逸失など

❾資源配分者

調査結果によると、資源配分は**時間割**、**作業のプログラム化**、組織内の他の人間が下した**決定事項の承認**という3つの要素から成ることが明らかになりました。

マネジャーは、日々直面する無数の課題に対して意思決定していきます。それゆえに、マネジャーは時間割を立てなければなりません。

この時間割は、部下に**優先順位**というメッセージとして伝わります。そう考えると、マネジャーにとって時間割は、単なるスケジューリングにとどまるものではなく、組織内に発する重要なメッセージであり、マネジャーの能力が判定される材料となるわけです。

マネジャーは、資源配分にあたって、誰に何をどのようなやり方でやってもらうかを明確にしなければなりません。すなわち、作業のプログラム化が求められるのです。

資源配分のプロセスは、改善計画の中で進行しますが、業務が軌道に乗ったとしても、作業プログラムについては継続的に調整する必要があります。

部下から答申された方針に対する決定事項の承認もあります。これには、例外的な事態に対して、現場レベルでの対応が可能なときに権限を付与することも含まれます。

❿交渉者

マネジャーは、時として先頭に立って交渉しなければなりません。

たとえば、労働者代表との賃金交渉の場だったり、企業との合併や買収の協議の場だったり、金融機関との資金調達の折衝の場だったりと多様です。

マネジャーの役割（意思決定）

役割	内容	管理者行動研究から識別される活動
❼企業家	組織と環境に機会を求め変革をもたらす「改善計画」を始動させる：特定プロジェクトのデザインも監督する	改善計画の始動やデザインに関係した戦略会議や検討会議
❽障害処理者	組織が重要で予期せざる困難にぶつかったとき、是正措置をとる責任	困難や危機に関わる戦略会議や事後検討会議
❾資源配分者	実質的に、組織のすべての重要な決定を下したり、承認したりすることによる、あらゆる種類の組織資源の配分に責任がある	スケジュールづくり：承認要請：部下の作業の予算化や定型化に関わる全活動
❿交渉者	主要な交渉にあたって組織を代表する責任	交渉

出所：ヘンリー・ミンツバーグ著『マネジャーの仕事』（白桃書房）をもとに作成

交渉の場面では、まず、フィギュアヘッドの役割として、組織を代表する立場であることを相手にアピールし、信頼を得るようにします。

次に、スポークスマンの役割として、組織を代表して情報を発信し、方針や信念を伝えます。

最後に、資源配分者の役割として、交渉相手とリアルタイムで資源の取引をします。

このように、交渉者の役割は、これまで説明した対人関係の役割、情報関係の役割、意思決定の役割のさまざまな要素が土台になっています。

繰り返しますが、以上の10の役割は一つとして欠かせず、相互に深く関係しています。たとえば、対人関係の役割に自信があっても、情報関係の役割が不得手ならばどうでしょうか？ 組織にとって有益な情報を対外的にも対内的にも発信できなければ、結果として対人関係の役割もうまくいきません。

長所を伸ばすことも重要ですが、短所、つまり決定的に不足している能力は補わなければなりません。不得手な役割があるならば、改善するための努力が求められるのです。

マネジャーにとって10の役割は、自分の能力をチェックするための有効なツールとなるでしょう。

Point

マネジャーの役割は、対人関係、情報関係、意思決定という3つのグループから成る10の役割に集約できる。

Section 3 マネジャーの存在意義

組織の目的をはじめ、さまざまなことを実現する

ここで最後に、マネジャーの存在意義という観点から、マネジャーが実現すべきことをまとめます。

マネジャーが実現すべきこと

❶組織の目的の実現

マネジャーが実現すべきことは、組織の目的です。これはいわずと知れたことですが、組織の目的を達成することなく、自己の利益に走って不祥事を起こすマネジャーがいるのも事実です。

❷組織活動のデザイン

マネジャーは、安定した組織活動のために業務をプログラム化して、そのプログラムを維持管理しなければなりません。リーダーの役割として、部下であるフォロワーが円滑に業務を遂行できる雰囲気をつくり出し、組織と個人の目的を統合すべくリーダーシップを発揮する必要があります。

❸組織の環境適応

マネジャー、とりわけトップマネジメントを担うマネジャーは、企業家およびリーダーの役割として、ビジョンを示して、しかるべきタイミングで組織変革を実行します。

変革に際しては、モニターの役割を通じて得た情報をもとに実行します。そして、変革が軌道に乗れば、今後は組織が安定するように体制を整えます。

❹利害の調整

組織は、さまざまな利害関係者から成ります。利害関係者は、各々の利害を追求すべくマネジャーにプレッシャーをかけてきます。マネジャーは、そうしたプレッシャーを調整して、組織活動の調和を図っていきます。

❺情報のハブ

マネジャーは、対外的にも対内的にも組織にとっての情報のハブとなる存在です。対内的には、リエゾンの役割を通じてさまざまな人脈を構築して、多様な情報源を確保します。

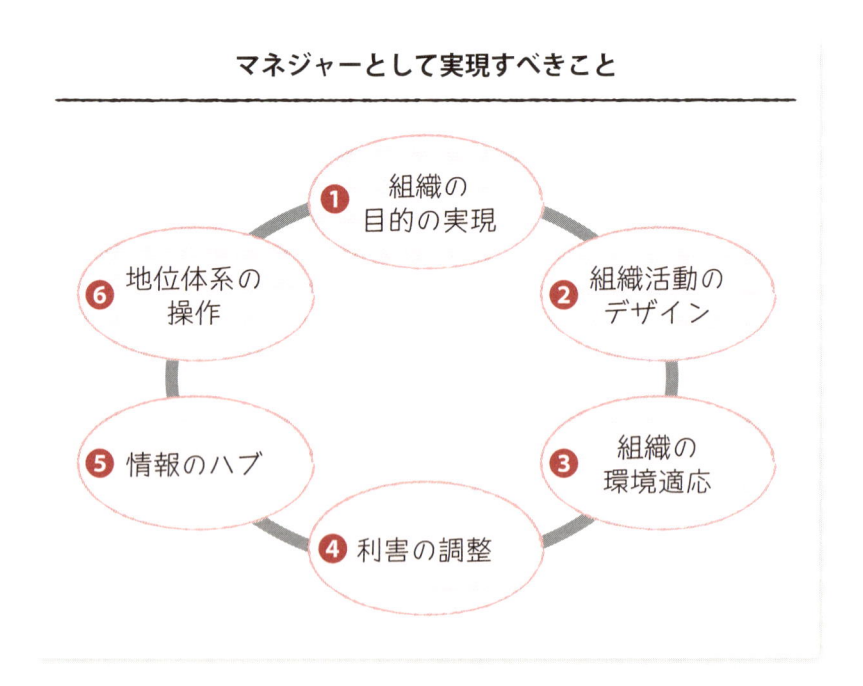

マネジャーとして実現すべきこと

- ❶ 組織の目的の実現
- ❷ 組織活動のデザイン
- ❸ 組織の環境適応
- ❹ 利害の調整
- ❺ 情報のハブ
- ❻ 地位体系の操作

そして、モニターの役割として情報を収集して、周知伝達役として部下に情報を提供します。
　一方、対外的には、スポークスマンあるいは交渉者の役割として、組織の情報を発信していかなければなりません。

❻地位体系の操作

　マネジャーは、公式的な権限上、組織の地位体系を操作する責任を負います。地位体系の操作は、新規プロジェクトの立ち上げ、あるいは組織の立て直しといった場面で求められます。
　それは、フィギュアヘッドの役割に関連した活動です。外部へ情報を発信する意味では、スポークスマンあるいは交渉者の役割が求められます。

> **Point**
> 組織の目的はもちろん、さまざまなことを実現してこそ、マネジャーの存在意義がある。

Resting Time

6時間目のまとめ

　ミンツバーグ教授は、マネジャーの行動について、自ら現場に足を運んで調査した結果から、説得力のある話を聞かせてくれた。
　たしかに腑に落ちることばかりで、普段の仕事の内容を改めて整理できた。

　とくに、マネジャーの10の役割について、対人関係、情報関係、意思決定という3つの役割からさらに10の詳細な役割を導き出した結論は、普段の行動を整理する枠組みとして利用できそうだ。
　それは、自分の周りのマネジャーがどの程度役割を果たしているかについて考えるきっかけにもなったし、自分自身もこれからマネジャーとして心がけていかなければならないと思うに至った。

　最後に、主にリーダーシップを発揮する役割を担うマネジャーの行動を全般的に示してもらったことで、マネジャーの仕事におけるリーダーシップの位置づけについて、自分なりに理解できたのはよかった。

　これで、プログラムはすべて終了した。
　あっと言う間に終わった感じだが、どの講義も、刺激に満ちた濃い内容だった。
　リーダーシップに関する基礎的な知識はしっかり理解できたものの、リーダーシップは理解しただけでは意味がない。それをいかに普段の仕事に活かせるかどうか、すべてはここに尽きる。

　学んだことをいかに実践につなげるか。

それは、自分の努力次第だ。

思いを新たにして、これから頑張っていこう……。

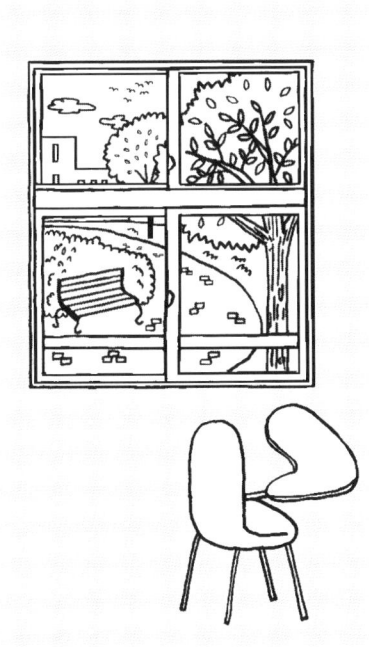

6時間目のノート
＜管理者行動論＞

◎経営管理は、決められたことをきちんと遂行するシステムである。

◎マネジャーの役割は、対人関係、情報関係、意思決定という3つのグループから成る10の役割（フィギュアヘッド、リーダー、リエゾン、モニター、周知伝達役、スポークスマン、企業家、障害処理者、資源配分者、交渉者）に集約できる。

◎組織の目的はもちろん、さまざまなことを実現してこそ、マネジャーの存在意義がある。

すべての講義を
終えて……

　リーダーシップ・オールスターによる、夢のようなプログラムが終わった。あっという間の６コマの講義だった。

　リーダーシップは、自分には縁遠い問題と思っていたが、課長に抜擢されて初めて真剣に向き合った。しかしながら、公式的な地位にある者だけがリーダーシップを発揮するのではなく、自然発生的なリーダーシップもあることを教わり、身近に感じられるようになった。
　というより、むしろ身近な問題であるからこそ、これまで以上にリーダーシップについて考えるべきだと痛感した。

　リーダーシップを代表する研究者の個性豊かな講義だったが、その中で共通する部分が多々あった。
　たとえば、組織が変わらなければならないときは、新たな方針であるビジョンを示さなければならない。ビジョンといっても、ただ打ち出すだけではなく、その背景にある組織のミッションや経営理念を理解して、歴史的な背景や現状、そして予測される未来に関する知識と教養を総動員しな

ければならない。
　そう考えると、リーダーシップを発揮するには、リーダーシップの知識だけではなく、教養を豊かにする必要がある。加えて、知識だけではなく、経験から学ぶことも不可欠だ。
　つまり、リーダーシップを極めるというのは、常日頃から自分自身を高めるために、心身を謙虚に磨き続けることにほかならない。

　気が引き締まる。

　いつもと同じ景色だけれども、何かすべて新しく見える。そして、自分自身の心も何か晴れやかだ。

　さあ、いまから「リーダーシップ磨き」を始めよう……。

おわりに

　リーダーシップ研究のオールスターによる講義は、いかがでしたでしょうか？

　リーダーシップ研究は、多くの論者がさまざまな議論を展開しているので、「これがスタンダードだ」といった教科書は存在しません。それゆえに、何をどうやって学んでいいのか、よくわからない領域だともいえます。
　そういったむずかしい領域ですが、その中でも、有名な研究者による主なリーダーシップの理論について、具体例も交えて、わかりやすくお伝えしました。
　本書は、経営者や管理職の皆さんがリーダーシップを学ぶうえで、ぜひとも押さえていただきたいところにターゲットを絞った内容になっています。本来ならば、本書に登場する教授陣以外にも紹介したい研究者やその理論がまだあるのですが、それは機会があればということにします。

　リーダーシップは、ただ理論を知っているというだけでは何の意味もありません。いかに実践に活かせるかが重要です。
　もちろん、本書で示した内容はリーダーシップのエッセンスですので、今後も引き続き学んで、よりレベルの高い実践につなげていってください。
　本書が皆さんのリーダーシップに、ささやかながらでもお役に立つことを祈って。

　2013年1月

小野　善生

参考図書

『こうしてリーダーはつくられる』ウォレン・ベニス、ロバート・トーマス著、斎藤彰悟監訳、平野和子訳、ダイヤモンド社、2003年
『リーダーになる［増補改訂版］』ウォレン・ベニス著、伊東奈美子訳、海と月社、2008年
『本物のリーダーとは何か』ウォレン・ベニス、バート・ナナス著、伊東奈美子訳、海と月社、2011年
『マザーテレサCEO　驚くべきリーダーシップの原則』ルーマ・ボウス、ルー・ファースト著、近藤邦夫訳、集英社、2012年
『カリスマ的リーダーシップ』ジェイ・A・コンガー、ラビンドラ・N・カヌンゴ他著、片柳佐智子、山村宜子、松本博子、鈴木恭子訳、流通科学大学出版、1999年
『現代の経営［上］［下］』P.F.ドラッカー著、上田惇生訳、ダイヤモンド社、2006年
『マネジメント［エッセンシャル版］』P.F.ドラッカー著、上田惇生訳、ダイヤモンド社、2001年
『［新訳］新しい現実』P.F.ドラッカー著、上田惇生訳、ダイヤモンド社、2004年
『未来企業　生きる組織の条件』P.F.ドラッカー著、上田惇生、田代正美、佐々木実智男訳、ダイヤモンド社、1992年
『ガンジー自伝』マハトマ・ガンジー著、蝋山芳郎訳、中央公論新社、2004年
『ルネッサンス　再生への挑戦』カルロス・ゴーン著、中川治子訳、ダイヤモンド社、2001年
『サーバント・リーダーシップ』ロバート・K・グリーンリーフ著、金井壽宏監訳、金井真弓訳、英治出版、2008年
『シャープを創った男　早川徳治伝』平野隆彰著、日経BP社、2004年
『サーバント・リーダーシップ入門』池田守男、金井壽宏著、かんき出版、2007年
『対人社会心理学重要研究集1　社会的勢力と集団組織の心理』斉藤勇編、林春男、磯崎三善年、小窪輝吉、古川久敬、誠信書房、1987年
『松下電器の経営改革』伊丹敬之、田中一弘、加藤俊彦、中野誠編著、有斐閣、2007年
『本田宗一郎　やってみもせんで、何がわかる』伊丹敬之著、ミネルヴァ書房、2010年
『経営学入門シリーズ　経営組織』金井壽宏著、日本経済新聞社、1999年
『リーダーシップ入門』金井壽宏著、日本経済新聞社、2005年
『企業変革力』ジョン・P・コッター著、梅津祐良訳、日経BP社、2002年
『自由への大いなる歩み　非暴力で戦った黒人たち』M.L.キング著、雪山慶正訳、岩波書店、1959年
『幸之助論　「経営の神様」松下幸之助の物語』ジョン・P・コッター著、金井壽宏監訳、高橋啓訳、ダイヤモンド社、2008年
『J.P.コッター　ビジネス・リーダー論』ジョン・P・コッター著、金井壽宏、加護野忠男、谷光太郎、宇田川富秋訳、ダイヤモンド社、2009年
『第2版　リーダーシップ論』ジョン・P・コッター著、DIAMONDハーバードビジネス・レビュー編集部、黒田由紀子、有賀裕子訳、ダイヤモンド社、2012年
『英国王のスピーチ　王室を救った男の記録』マーク・ローグ、ピーター・コンラディ著、安達まみ訳、岩波書店、2012年
『新版　企業の人間的側面　統合と自己統制による経営』ダグラス・マグレガー著、高橋達男訳、産能大学出版部、1970年
『マネジャーの仕事』ヘンリー・ミンツバーグ著、奥村哲史、須貝栄訳、白桃書房、1993年
『H.ミンツバーグ経営論』ヘンリー・ミンツバーグ著、DIAMONDハーバードビジネス・レビュー編集部編訳、ダイヤモンド社、2007年
『リーダーシップ行動の科学』三隅二不二著、有斐閣、1978年
『リーダーシップの科学　指導力の科学的診断』三隅二不二著、講談社、1986年
『中内㓛　生涯を流通革命に献げた男』中内潤、御厨貴編著、千倉書房、2009年
『経営学入門シリーズ　経営管理』野中郁次郎著、日本経済新聞社、1980年
『流れを経営する』野中郁次郎、遠山亮子、平田透著、東洋経済新報社、2010年
『合衆国再生　大いなる希望を抱いて』バラク・オバマ著、棚橋志行訳、ダイヤモンド社、2007年
『小倉昌男　経営学』小倉昌男著、日経BP社、1999年
『社会心理学におけるリーダーシップ研究のパースペクティブI』坂田桐子、淵上克義編、ナカニシヤ出版、2008年
『ダントツ経営　コマツが目指す「日本国籍グローバル企業」』坂根正弘著、日本経済新聞社、2011年
『ソニー自叙伝』ソニー広報部著、ワック、2001年
『［新訳］科学的管理法　マネジメントの原点』フレデリックW.テイラー著、有賀裕子訳、ダイヤモンド社、2009年
『ケネディ——「神話」と実像』土田宏著、中央公論新社、2007年
『砂漠で梨をつくる　ローソン改革2940日』吉岡秀子著、朝日新聞出版、2010年
『権力と支配』マックス・ウェーバー著、濱嶋朗訳、講談社、2012年
『まとめ役になれる！　リーダーシップ入門講座』小野善生著、中央経済社、2011年

小野善生（おの　よしお）
1974年生まれ。滋賀大学経済学部卒業。神戸大学大学院経営学研究科博士課程後期課程修了。博士（経営学）。滋賀大学経済学部准教授を経て、現在、関西大学商学部准教授。
専門は経営学。専攻は経営管理論、組織行動論、リーダーシップ論。フォロワーの視点からリーダーシップを明らかにする研究に取り組んでいる。
著書に『ライトワークス　ビジネスベーシックシリーズ　リーダーシップ』（ファーストプレス）、『まとめ役になれる！　リーダーシップ入門講座』（中央経済社）がある。

コッター、マックス・ウェーバー、三隅二不二から、
ベニス、グリーンリーフ、ミンツバーグまで

最強の「リーダーシップ理論」集中講義

2013年2月1日　初版発行

著　者　小野善生 ©Y. Ono 2013
発行者　吉田啓二
発行所　株式会社 日本実業出版社
　　　　東京都文京区本郷3－2－12 〒113-0033
　　　　大阪市北区西天満6－8－1 〒530-0047
　　　　編集部 ☎03－3814－5651
　　　　営業部 ☎03－3814－5161
　　　　振　替 00170－1－25349
　　　　http://www.njg.co.jp/
　　　　印刷／厚徳社　　製本／若林製本

この本の内容についてのお問合せは、書面かFAX（03-3818-2723）にてお願い致します。
落丁・乱丁本は、送料小社負担にて、お取り替え致します。

ISBN 978-4-534-05034-2　Printed in JAPAN

最強の集中講義シリーズ　絶賛発売中!!

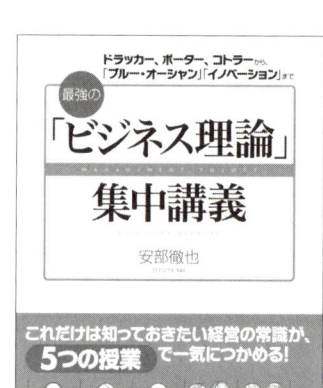

ドラッカー、ポーター、コトラーから、
「ブルー・オーシャン」
「イノベーション」まで

最強の「ビジネス理論」集中講義

ドラッカーの「ミッションとビジョン」、ポーターの「事業戦略」、コトラーの「マーケティング戦略」など、各理論を第一人者が講義すると仮定して、フレームワークや実例を示しながら解説します。

安部徹也・著
1575円（税込）

アダム・スミス、リカード、マルクス、マーシャルから、シュンペーター、ケインズ、フリードマンまで

最強の「経済理論」集中講義

なぜ働いても豊かになれないのか？　アダム・スミスからフリードマンまで、7人の経済学者の代表的著作をもとに、経済古典のエッセンスをコンパクトに凝縮。この1冊で経済学の歴史が俯瞰できます。

藤田康範・著
1575円（税込）

上記の価格は消費税（5%）を含む金額です。　定価変更の場合はご了承ください。